비즈니스
프렉티스 심화

다양한 상황 연습을 통해
중국어 비즈니스 심화 회화 완전 정복!

중국어 8 先生

<팔선생>은 누구나 **쉽고 재미있게 접근할 수 있는 교재**입니다.
<팔선생>을 통해 즐겁게 중국어와 중국문화를
공부하시고 경험하시길 바랍니다.

CARROT HOUSE
中国北京市通州区大运河开发区运河明珠2号楼2单元2172

八先生 중국어 - 비즈니스 프렉티스 심화
© Carrot House

All rights reserved. No part of this publication may be reproduced,
stored in a retrieval system, or transmitted, in any form or by any means,
without the prior permission in writing of CARROT HOUSE.

First published July 2017

Author: Carrot Language Research & Development Department

ISBN 978-89-6732-243-4

Printed and distributed in Korea
9th Fl., 488 Gangnam St., Gangnam-gu, Seoul, South Korea 06120

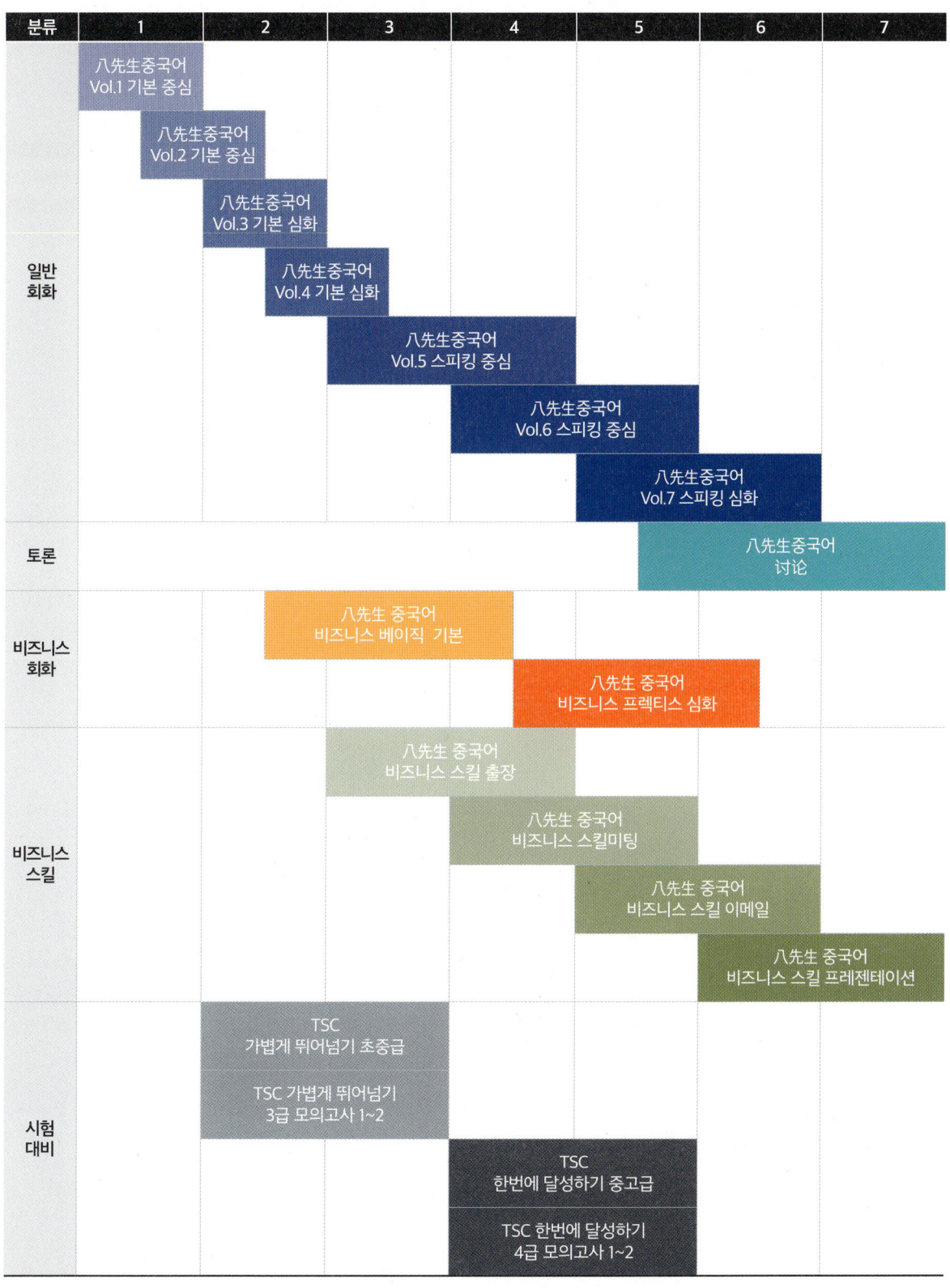

중국에 대한 이해

중국(中國)은 본래 고대 중원 지방을 뜻하였으나, 현재는 나라의 이름을 뜻하는 고유명사이다. 중국의 정확한 국명은 '중화인민공화국(中华人民共和国)'이며 1949년 10월 1일에 건국되었다.

중문 국명 | 中华人民共和国(중화인민공화국)
영문 국명 | The People's Republic of China(P.R.C.)
국명 약칭 | 中国(China)
수도 | 북경(北京)
건국일 | 10월 1일
표준어 | 한어(汉语) 또는 보통화(普通话)
화폐 | 인민폐(RMB)
시차 | 한국보다 1시간 느림
정치 제도 | 인민공화국(입헌공화제)
인구 | 약 13억 7천 만명
민족 구성 | 한족(汉族), 장족(壮族), 만주족(满族) 등 56개 민족
주요 종교 | 불교, 도교, 기독교, 회교
국토 면적 | 959만 6960 제곱 킬로미터

팔선생 이야기

중국에서 先生(선생)은 영어 'Mr.'를 의미하며, 八(8)은 번영과 발전을
의미하는 发(發)와 발음이 비슷하여 중국에서는 누구나 좋아하는 숫자입니다.
八先生은 누구에게나 친숙하고 누구나 좋아하는 사람을 지칭하기도 하죠.
팔선생은 누구나 쉽고 재미있게 접근할 수 있는 교재입니다.
팔선생을 통해 즐겁게 중국어와 중국문화를 공부하시고 경험하시길 바랍니다.

❶ 캐럿 하우스 방법론 - 성인 교육학 접근 및 생산적인 중국어와의 관계

교육학은 학습자들로 하여금 생각을 한 곳으로 모으게 하고 학습 훈련을 지속적으로 강화하는데 그 목적이 있습니다. 아이들을 가르치는 교학과 성인을 가르치는 학습의 특징 및 과정은 분명 다릅니다. 성인 교육은 상대적으로 자유로운 학습 환경을 제공하는 교육 분야라고 볼 수 있습니다. 그렇기 때문에 다양한 생각과 행동적 학습이론을 추구할 수 있고 학습자들은 자발적으로 지속적인 학습이 가능한 대상이 될 수 있습니다.

사실, 대다수의 사람들은 외국어를 학습할 때 대화의 완성도를 완벽하게 만들어 내기 위해 노력하고 있습니다. 특히, 구술 및 작문 영역에 있어서 언어를 활용한 생산적 기술을 잘 갖추게 된다면 그들은 중국어로 소통하는 장에서 자신의 역량을 마음껏 발휘할 수 있을 것입니다. 그리고 바로 이 점이 학습자들의 생산적인 기술을 향상시킨 캐럿 하우스 커리큘럼만의 비결이라고 생각합니다. 캐럿 하우스 커리큘럼이 제시하는 성인 학습의 특징은 치열한 경쟁 시대 속에서 학습자들이 생산적인 외국어 학습을 위해 소통의 스킬을 스스로 성취할 수 있도록 역량을 키울 수 있도록 한다는 점입니다. 이렇듯, 캐럿 하우스의 교수철학과 커리큘럼은 모든 중국어 학습자들의 "성공을 위한 언어" 라는 목표를 이룰 수 있도록 구성되어 있습니다.

❷ 공동체 언어학습법

언어습득의 필수 요소인 공동체 언어학습법은 숙련된 강사가 학습자가 이해할 수 있는 강의안을 제공하고 학습자가 서로에 대한 문제 및 상황을 그대로 받아들이고 이해하는 상호 작용 속에서 언어 학습을 진행하는 방법입니다. 이 때, 학습자들은 강사들에 의해 자신에게 주어진 기회를 최대한 활용할 수 있습니다. 특히, 공동체 언어학습법은 외국어 음운학 분야에서 응용하고 있는 방법으로, 언어를 보다 실용적으로, 보다 확실하게, 보다 기술적으로 사용하기 위한 학습자들에게 최적화 되어 있다고 볼 수 있습니다.

교재개요
Chapter Composition

| 주요 학습대상 |

"八先生 중국어 비즈니스 프렉티스 심화"는 주입식 형태의 "중국어 비즈니스"의 틀을 깨고, 기초를 차근차근 쌓은 중고급 레벨의 학습자를 위한 교재입니다. 중국어 비즈니스와 관련된 표현들과 용어들을 학습할 수 있도록 실제 현장에서 자주 사용하는 주제로 구성했습니다. 꾸준한 공동체 언어학습법을 통해 학습자들은 다양한 상황 속에서 중국어로 유창하게 표현함으로써 자신의 언어적 생산성을 높일 수 있을 것입니다.

| 교재 활용법 |

학습 목표
각 과의 학습 목표를 통해 해당 내용의 방향성을 파악합니다.
- 학습자가 학습 목표를 살펴보고 주요 학습 내용을 이해합니다.
- 학습 목표가 제시하는 핵심 단어를 통해 학습자는 각 과의 특징을 인지합니다.

주요 패턴
각 과의 주요 패턴을 통해 중국어의 문법적 구조를 파악합니다.
- 학습자 스스로 학습목표가 제시한 비즈니스 상황은 무엇인지 생각할 수 있습니다.
- 학습자는 각 과별로 설정된 비즈니스 상황에 맞는 핵심 패턴을 파악할 수 있습니다.

情景对话
사진 속 상황과 키워드를 응용하여 다양한 상황을 설정할 수 있습니다.
- 각 과별에 맞는 사진을 보면서 관련된 핵심 단어를 활용하여 학습자가 중국어로 표현할 수 있습니다.
- 주어진 사진 속 상황에 맞게 중국어로 표현하여 학습자가 본문에서 전개될 비즈니스 상황을 유추할 수 있습니다.

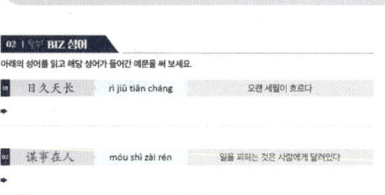

필수! BIZ 성어

사자성어를 활용하여 비즈니스 상황에서 고급 중국어를 구사할 수 있습니다.

- 각 과의 주제에 맞는 사자성어를 3개씩 수록하여 한자와 병음 및 뜻을 학습자 스스로 연습할 수 있습니다.
- 실제 중국에서 자주 사용하는 사자성어를 활용한 예문을 학습자가 직접 쓸 수 있습니다.

BIZ Tip

중국어뿐만 아니라 중국이 가진 특징 및 색깔을 알고 이해할 수 있습니다.

- 각 과마다 중국의 생활 문화 및 비즈니스 등의 주제에 관한 실제 내용을 수록하여 학습자가 중국을 보다 가까운 거리에서 접할 수 있도록 구성하였습니다.
- 실제 중국에서 사용하고 있는 표현을 그대로 수록하여 더 실질적인 중국어를 학습할 수 있습니다.

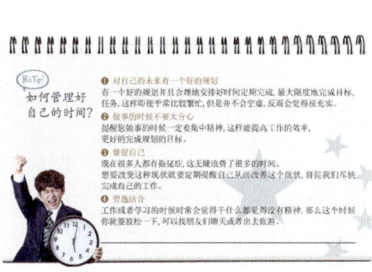

필수! BIZ 대화

비즈니스 상황에서 중국어 말하기를 연습하기 위해 역할을 나누어 대화를 연습합니다. 이 때, 학습자들이 의사소통능력과 유용한 표현을 활용할 수 있도록 유도합니다.

- 대화를 연습하기 위해 학습자들이 각각의 역할을 정하도록 합니다.
- 학습자들이 맡은 각자의 역할에 대해 서로에게 조언을 전달합니다.

새로운 표현 Tip!

본문 내 주요 단어 또는 표현을 활용하여 근의어 또는 유의어를 학습할 수 있습니다.

- 본문 내 주요 단어 또는 표현을 활용하여 근의어 또는 유의어를 학습할 수 있습니다.
- 학습자가 새로운 표현이 들어간 문장을 읽고 연습함으로써 정확한 패턴 구조를 다시 한 번 전달할 수 있습니다.

필수! BIZ 단어

각 과별로 주어진 상황에서 자주 사용하는 단어를 학습할 수 있습니다.

- 각 단어의 앞에 놓여진 체크박스를 활용하여 최소 2회 읽고 말하기 연습을 합니다.
- 각 단어의 병음 및 뜻뿐만 아니라 품사까지 정확하게 암기할 수 있도록 연습합니다.

필수! BIZ 패턴

각 과의 주요 패턴에서 제시된 문형을 바탕으로 완벽하게 암기할 수 있습니다.

- 각 과의 패턴을 활용하여 본문에서 등장한 문장 및 새로운 예문을 학습할 수 있습니다.
- 제시된 해석만 보면서 중국어 예문을 직접 작성할 수 있습니다.

필수! BIZ 롤플레이

다양한 비즈니스 상황 속에서 학습자들이 다양하게 대답할 수 있도록 유도하여 각 주제별 상황 및 비즈니스 대화 기술을 적용할 수 있도록 지도할 수 있습니다.

- 학습자들 스스로 역할을 정하도록 합니다.
- 학습자는 이미 제공된 배경 지식 및 정보를 활용하여 대화 및 롤플레이를 구성합니다.
- 각각의 대화 및 롤플레이의 구성에 대해 학습자들이 서로에게 충분한 조언을 전달합니다.
- 각 과별로 살펴볼 수 있는 3가지의 상황을 준비합니다.

필수! BIZ 톡톡

각 과의 주요 내용이 담긴 질문을 통해 학습자가 자신의 경험을 직접 전달할 수 있습니다.
- 자신의 상대방과 서로의 경험에 대해 공유함으로써 보다 다양한 표현을 학습할 수 있습니다.
- 각 과의 비즈니스 상황을 학습한 후 자신의 경험을 바탕으로 표현을 응용함으로써 각 과의 내용을 완벽하게 학습할 수 있습니다.

最后填空

각 과의 본문 내용을 바탕으로 BCT, TSC 및 신 HSK 등을 대비하기 위한 연습을 할 수 있습니다.
- 빈 칸 채워 넣기의 유형을 통해 각 과의 단어를 다시 한 번 복습할 수 있습니다.
- 완성된 문장을 통해 문장 형식을 다시 한 번 파악할 수 있습니다.

复习

각 과의 전체 내용 중 가장 인상 깊었던 내용을 학습자가 직접 표현할 수 있도록 진행합니다.
- 각 과에서 기억하고 있는 표현이 무엇인지 학습자 스스로 직접 말할 수 있습니다.
- 자신의 상대방에게 해당 표현을 기억하고 있는 이유에 대해 서로 질문해 보고 내용을 공유할 수 있습니다.

八先生 중국어
비즈니스 프렉티스 심화

目录

第一部分 | 프로젝트 관리

	과명	학습 목표	주요 패턴	페이지
제1과	下午的日程有些变动。 오후 일정에 일부 변동사항이 있습니다.	• 중국 측과 진행 중인 공동 업무 일정 조정 • 우선 순위 중심으로 일정 조율	• 还要⋯⋯ • 有些⋯⋯ • 非⋯⋯不可 • 再说⋯⋯	15
제2과	我想向您汇报一下! 제가 보고를 드리고 싶습니다!	• 예산 현황 보고 및 확인 • 예산에 관하여 보다 효율적으로 배분	• 总的来说⋯⋯ • 由于⋯⋯ • 对⋯⋯来说 • 只要⋯⋯	21
제3과	我只是担心产品质量会出现波动。 다만, 품질로 인한 파동이 발생하지 않을까 걱정을 할 뿐입니다.	• 회사 제품에 대한 현황 파악 • 제품의 퀄리티에 대한 의견 공유	• ⋯⋯下来 • 在⋯⋯过程中 • 中国有句老话⋯⋯ • 转达⋯⋯	27

第二部分 | 환경 및 자원

	과명	학습 목표	주요 패턴	페이지
제4과	我这就陪您去现场。 제가 모시고 현장에 가겠습니다.	• 현장 방문 및 문제점 파악 • 사업 현장 내 주의사항에 대한 확인 및 전달	• 刚才⋯⋯ • 得⋯⋯ • 关系到⋯⋯ • 就要⋯⋯了	35
제5과	这个价, 已经是最低了。 이 가격은 이미 최저가입니다.	• 자사의 유리한 입장 도출 • 성공적 가격 협상 및 지속적 신뢰 관계 구축	• 早就⋯⋯ • 不瞒你说⋯⋯ • 无论 A 还是 B • 像 A 的 B, 并不⋯⋯	41
제6과	那我们就开始正式签字吧。 그럼 바로 정식으로 서명을 합시다.	• 계약서 내용 확인 • 계약 체결 전, 자사의 입장 적극 반영	• 认为⋯⋯ • 根据⋯⋯ • 把⋯⋯ • 为 + 명사	47

第三部分 | 갈등 및 관리

과명		학습 목표	주요 패턴	페이지
제 7 과	**我们实行弹性工作制。** 저희는 탄력 근무제를 실행하고 있습니다.	· 현지 직원의 근무 형태 의견 공유 · 사내 제도 개선	· ……完 · 多亏…… · ……应该怎么办? · 凡事……	55
제 8 과	**我会把你的情况汇报给社长。** 저는 당신의 상황을 사장님에게 보고 하겠습니다.	· 사내 인사제도 의견 공유 · 직원의 재배정을 통한 업무 효율성 강화	· 被…… · 毕竟 · 要是…… · ……起来	61
제 9 과	**这我们也有责任。** 이는 저희에게도 책임이 있습니다.	· 사내 생활의 개선 방안 의견 공유 · 사내 직원과의 원만한 소통 관계 구축	· 不到…… · 随地…… · 经常…… · 交给……	67

第四部分 | 소통

과명		학습 목표	주요 패턴	페이지
제 10 과	**最近的经营情况怎么样?** 최근의 경영 상황은 어떻습니까?	· 사내 경영 상황 및 문제점 의견 수렴 · 직원간의 의견 공유 및 해결방법 모색	· ……不太理想 · 我看…… · 顺便…… · 동사 + 出	75
제 11 과	**出了什么事故?** 무슨 사고가 생긴 겁니까?	· 사내 긴급 사건 또는 사고 대처에 관한 지시 · 문제를 정확하고 빠르게 해결하는 요령 터득	· 急急忙忙…… · 刚…… · 遇到…… · 在……的时间里	81
제 12 과	**企业要有环保意识。** 기업은 환경보호 의식을 갖추고 있어야 합니다.	· 사내 경영 윤리에 관한 의견 공유 · 우호적 관점에서 바라본 "경영 윤리"의 개념에 대한 회고	· 不仅 A 而且 B · 尽管 · ……掉 · 有半点儿……	87

备 / 忘 / 录

1
프로젝트 관리

제1과 下午的日程有些变动。
오후 일정에 일부 변동사항이 있습니다.

제2과 我想向您汇报一下!
제가 보고를 드리고 싶습니다!

제3과 只是担心产品质量会出现波动。
다만, 품질로 인한 파동이 발생하지 않을까 걱정을 할 뿐입니다.

备 / 忘 / 录

제1과 下午的日程有些变动。
오후 일정에 일부 변동 사항이 있습니다.

01 중국 측과 진행하고 있는 공동 업무에 대해 일정을 조정할 수 있습니다.
02 해당 일정 안에서 문제가 발생했을 때, 우선 순위를 중심으로 일정을 다시 조율할 수 있습니다.

01 "还要……" 03 "非……不可"
02 "有些……" 04 "再说……"

01 | 情景对话

다음 사진을 보면서 아래의 단어들을 활용하여 주어진 상황에 대해 중국어로 말해 보세요.

상황 ▶ 이번주 주요 일정을 확인한 후 변동 사항에 대해 시간을 조정하고 있습니다.

단어 » 安排 | 参加 | 变动 | 日程 | 活动

02 | 필수! BIZ 성어

아래의 성어를 읽고 해당 성어가 들어간 예문을 써 보세요.

| 01 | 日久天长 | rì jiǔ tiān cháng | 오랜 세월이 흐르다 |

➡

| 02 | 谋事在人 | móu shì zài rén | 일을 꾀하는 것은 사람에게 달려있다 |

➡

| 03 | 一朝一夕 | yì zhāo yì xī | 아주 짧은 시간 |

➡

BizTip!
如何管理好自己的时间?

❶ 对自己的未来有一个好的规划
有一个好的规划并且合理地安排好时间定期完成, 最大限度地完成目标, 任务, 这样即使平常比较繁忙, 但是并不会空虚, 反而会觉得很充实。

❷ 做事的时候不要太分心
提醒您做事的时候一定要集中精神, 这样能提高工作的效率, 更好的完成规划的目标。

❸ 督促自己
现在很多人都有拖延症, 这无疑浪费了很多的时间。想要改变这种现状就要定期提醒自己从而改善这个现状, 督促我们尽快完成自己的工作。

❹ 劳逸结合
工作或者学习的时候时常会觉得干什么都觉得没有精神, 那么这个时候你就要放松一下, 可以找朋友们聊天或者出去旅游。

03 | 필수! BIZ 대화   일정을 조정할 때!

상대방과 역할을 나누어 아래의 본문을 읽고 밑줄 친 곳에 새로운 표현을 넣어 문장을 연습해 보세요.

张秘书向李社长汇报今天的日程安排。

李社长 张秘书, 今天有什么特殊的日程安排吗?
张秘书 原定的上午日程没有变化。九点半您要去参加市场分析研讨会。
李社长 知道了。①相关的资料都准备好了吗?
张秘书 ②已准备好, 放在您的办公桌上了。中午十二点, 您还要参加一个宴会。
李社长 是欢迎上海企业团的宴会吧?
张秘书 是的, 地点在新罗③饭店。不过, 下午的日程有些变动。
李社长 什么变动?
张秘书 下午两点, 原定接见环保局的崔局长。不过, 刚才华益公司的王总来电话, 说有重要的事情, 所以今天非要见您不可。
李社长 王总这么急找我, 肯定是有重要的事, 再说我也有事情要找他④商议。
张秘书 那您说怎么办?
李社长 你这样, 让金副社长去见崔局长。
张秘书 知道了, 我⑤这就去安排。
李社长 对了, 你赶紧把这次研发的样品拿来, 等下给王总看看。
张秘书 好的, 我这就去。

새로운 표현 Tip!

① 有关 yǒuguān
   형 관계가 있는, 관련 있는
   关联 guānlián
   동 관련되다, 관계되다

② 早就 zǎojiù
   부 벌써, 오래 전에, 이미
   都 dōu
   부 모두, 이미, 벌써

③ 酒店 jiǔdiàn
   명 고급 호텔
   宾馆 bīnguǎn
   명 일반 숙박시설

④ 商量 shāngliang
   동 상의하다, 의논하다
   讨论 tǎolùn
   동 토론하다

⑤ 现在就 xiànzài jiù
   지금 곧
   马上 mǎshàng
   부 곧, 즉시, 금방

본문 내용을 읽고 다음 질문에 대해 중국어로 대답해 보세요.

|1| 今天更改的日程是什么? 为什么要更改?
|2| 下午谁去见环保局的崔局长? 为什么?

04 | 필수! BIZ 단어

일정을 조정할 때 자주 사용하는 단어입니다. 아래의 단어를 따라 읽고 단어 앞의 박스에 체크 표시를 한 후 문장을 만들어 보세요.

☑ ☐	01	日程	rìchéng	명 일정
☐ ☐	02	特殊	tèshū	형 특수하다, 특별하다
☐ ☐	03	原定	yuándìng	동 원래 정하다(규정하다)
☐ ☐	04	变化	biànhuà	명 변화
☐ ☐	05	分析	fēnxī	동 분석하다
☐ ☐	06	资料	zīliào	명 자료, 생필품
☐ ☐	07	宴会	yànhuì	명 연회
☐ ☐	08	放在……上	fàngzài……shàng	~에 두다
☐ ☐	09	变动	biàndòng	동 변경하다, 바꾸다 / 명 변동, 변경, 변화
☐ ☐	10	接见	jiējiàn	동 (손님을) 접견하다, 만나다
☐ ☐	11	环保局	huánbǎojú	명 환경보호국
☐ ☐	12	再说	zàishuō	접 게다가, 더구나, 그리고
☐ ☐	13	样品	yàngpǐn	명 샘플, 견본(품)
☐ ☐	14	要事	yàoshì	명 중요한 일(사건, 문제)

05 | 필수! BIZ 패턴

아래의 표현을 읽고 패턴을 활용하여 새로운 문장을 만들어 보세요.

01 还要…… ~도 해야 한다

中午十二点, 您**还要**参加一个宴会。
· 낮 열 두 시에 연회**에도** 참석**하셔야 합니다**.

明天我**还要**去买一张机票。
· 내일 저는 비행기 표 한 장**도** 사**야 합니다**.

02 有些…… 일부 ~

不过下午的日程**有些**变动。
· 그러나 오후의 일정은 **일부** 변동사항이 있습니다.

有些设备并不太好用。
· **일부** 설비 시설은 사용하기에 좋지 않습니다.

03 非……不可 ~하지 않으면 안 된다 (~해야 한다)

刚才华益公司的王总来电话, 说有重要的事情, 所以今天**非**要见您**不可**。
· 방금 화이 회사 왕 사장님으로부터 연락이 왔는데, 오후 두 시에 회사에서 꼭 만나**야 한다고** 하셨답니다.

这个月的生产任务, **非**完成**不可**。
· 이번 달의 생산 관련 업무 모두 끝내**지 않으면 안 됩니다**.

04 再说…… 게다가 ~

王总这么急找我, 肯定是有重要的事, **再说**我也有事情要找他商议。
· 왕 사장님이 이렇게 급히 저를 찾는 것을 보니 분명 중요한 일이 있는 것 같습니다, **게다가** 저 또한 그를 찾아서 중요하게 상의할 일이 있습니다.

夜已经深了, **再说**外边还下着雨, 你还是明天再去吧。
· 밤은 이미 깊은**데다가**, 밖에 비도 오고 있으니, 내일 다시 가시는 것이 좋을 것 같습니다.

06 | 필수! BIZ 롤플레이

상대방과 역할을 나누어 아래의 두 가지 상황에 맞는 대화를 중국어로 표현해 보세요.

 社长原定去合作公司与对方社长见面, 可是对方突然来电话, 说有急事改后天见面。请您向你们社长汇报。

 您原定坐飞机去北京的合作公司出差。但没买到机票, 不能按时参加。请您打电话给中国同事, 更改日程。

07 | 필수! BIZ 톡톡

아래의 질문을 보고 자신의 경험에 대해 말해 보세요.

- 01 工作中同时出现了几个突发状况,您怎么合理安排?
- 02 您平时怎么安排日程?

08 | 最后填空

아래의 빈 칸에 알맞은 단어를 넣어 문장을 완성하고 해석해 보세요.

| ⓐ 特殊 | ⓑ 要事 | ⓒ 定为 | ⓓ 突然 | ⓔ 意思 |

01 你把聚会的时间_____几点了?

02 _____情况要_____处理。

03 晴朗的天气,_____变起脸来了。

04 你有什么_____要马上处理?

05 我不知道你说的是什么_____。

请您说一下今天课程中印象最深的是什么。

제2과 我想向您汇报一下!
제가 보고를 드리고 싶습니다!

 **학습목표**
01 중국에서 근무하는 현지 직원을 통해 예산 현황을 보고 받고 확인할 수 있습니다.
02 한중 양국의 상황을 고려하여 예산을 보다 효율적으로 배분할 수 있습니다.

 **주요패턴**
01 "总的来说……"
02 "由于……"
03 "对……来说"
04 "只要……"

01 | 情景对话

다음 사진을 보면서 아래의 단어들을 활용하여 주어진 상황에 대해 중국어로 말해 보세요.

상황 ▶ 작년 하반기의 예산을 참고하여 이번 상반기의 예산안을 수정하고 있습니다.

단어 » 执政情况 | 数据 | 报告 | 统计 | 预算

02 | 필수! BIZ 성어

아래의 성어를 읽고 해당 성어가 들어간 예문을 써 보세요.

01 大功告成　dà gōng gào chéng　(대형 프로젝트, 대형 사업, 중요 임무 등) 큰 일을 마치다, 큰 성공을 거두다

➡

02 不辱使命　bù rǔ shǐ mìng　사명을 완수하다

➡

03 不负众望　bú fù zhòng wàng　대중의 기대를 저버리지 않다

➡

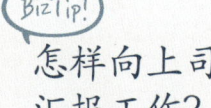

怎样向上司汇报工作?

❶ 准备充分。　汇报前自己要先弄清楚事情的来龙去脉, 并组织好语言。

❷ 详略得当。　领导的时间有限, 不可能事无巨细的汇报, 要抓住重点。

❸ 条理清晰。　汇报前要打好腹稿, 有条理, 有重点, 有结构。

❹ 把握时机。　尽量选择适当的场合, 时机去跟领导汇报。

❺ 及时汇报。　要及时汇报, 时间久了给人办事拖沓的感觉。

❻ 先好后坏。　闻过则喜的领导是少部分的, 先汇报开展的好的工作。

03 | 필수! BIZ 대화 　　사내 예산 업무 보고할 때!

상대방과 역할을 나누어 아래의 본문을 읽고 밑줄 친 곳에 새로운 표현을 넣어 문장을 연습해 보세요.

财务部长向李社长汇报公司上半年的预算执行情况。

财务部长	李社长您好! 我想向您汇报一下公司①上半年预算执行情况。
李社长	你来得正好。我也想了解一下预算情况。
财务部长	我昨天刚刚②统计完具体数据。总的来说, 还比较顺利。
李社长	你详细地给我讲一讲。
财务部长	年初由于新产品的投产项目③较多, 投资额超过了计划的百分之五。
李社长	是吗? 不过这个数据可以④接受。
财务部长	到了第二个季度, 投产的项目开始盈利了。
李社长	这个情况, 我们已经预料到了。
财务部长	这样, 上半年的利润已经达到了全年的百分之五十八。
李社长	现在的⑤形势, 对我们来说是非常有利的。
财务部长	只要我们抓好产品质量, 加大市场的开发力度, 那么, 今年的任务一定会超额完成。
李社长	好, 这是个好征兆。你明天开会的时候, 给大家做个评估报告。
财务部长	我知道了, 社长。

새로운 표현 Tip!

① 下半年 xiàbànnián
하반기

　全年 quánnián
   명 한 해 전체

② 计算 jìsuàn
   동 계산하다

　整理 zhěnglǐ
   동 정리하다

③ 很多 hěnduō
   수 많다

　相对多 xiāngduìduō
   상대적으로 많다

④ 承受 chéngshòu
   동 받아들이다, 감당하다

　顶得住 dǐngdezhù
   동 감당할 수 있다, 버틸 수 있다

⑤ 结果 jiéguǒ
   명 결과, 결론, 성과

　情况 qíngkuàng
   명 상황, 정황, 형편, 사정

본문 내용을 읽고 다음 질문에 대해 중국어로 대답해 보세요.

| 1 | 您平时怎么向社长报告工作情况?
| 2 | 李社长对财务部长的汇报满意吗? 为什么?

04 | 필수! BIZ 단어

사내 예산 업무와 관련하여 보고할 때 자주 사용하는 단어입니다. 아래의 단어를 따라 읽고 단어 앞의 박스에 체크 표시를 한 후 문장을 만들어 보세요.

☑ ☐	01	预算执行	yùsuànzhíxíng	몡 예산집행
☐ ☐	02	了解	liǎojiě	동 자세하게 알다, 이해하다, 알아보다
☐ ☐	03	具体数据	jùtǐ shùjù	몡 구체적 수치
☐ ☐	04	详细地	xiángxìde	부 상세히, 자세히
☐ ☐	05	讲一讲	jiǎngyìjiǎng	~에 대해 한 번 설명하다
☐ ☐	06	投资项目	tóuzīxiàngmù	몡 투자항목
☐ ☐	07	投资额	tóuzī'é	몡 투자액
☐ ☐	08	超过	chāoguò	동 초과하다, 넘다
☐ ☐	09	投产	tóuchǎn	동 생산에 들어가다
☐ ☐	10	盈利	yínglì	동 이윤을 얻다, 이익을 보다, 돈을 벌다
☐ ☐	11	预料	yùliào	동 예상하다, 예측하다, 전망하다 몡 예상, 예측
☐ ☐	12	利润	lìrùn	몡 이윤
☐ ☐	13	有利	yǒulì	형 유리하다, 이롭다
☐ ☐	14	抓	zhuā	동 붙잡다
☐ ☐	15	加大力度	jiādà lìdù	힘을 더하다
☐ ☐	16	好征兆	hǎo zhēngzhào	좋은 징조
☐ ☐	17	评估	pínggū	동 (질·수준·성적 등을) 평가하다

| 제2과 | 我想向您汇报一下！

05 | 필수! BIZ 패턴

아래의 표현을 읽고 패턴을 활용하여 새로운 문장을 만들어 보세요.

01 总的来说……　전체적으로 (말하자면)

总的来说, 还比较顺利。
· 전체적으로 말씀 드리자면,
  그래도 비교적 순조로운 편입니다.

总的来说, 今年的利润比去年提高了很多。
· 전반적으로 말해서
  올해 이윤은 작년보다 많이 증가했습니다.

02 由于……　~때문에, ~로 인하여

年初**由于**新产品的投产项目较多, 投资额超过了计划的百分之五。
· 연초에 신제품의 투자 항목이 비교적 많았던 **관계로**
  투자액이 계획했던 5%를 넘어섰습니다.

由于公司一直重视产品质量, 顾客对我们都很信任。
· 회사가 품질을 항상 중시하기 **때문에**
  고객들은 저희의 제품에 대해 신뢰하고 있습니다.

03 对……来说　~에 대해 말하면,

现在的形势, **对**我们**来说**是非常有利的。
· 현재의 상황은, 우리**에게 있어서** 매우 유리합니다.

对企业文化**来说**, 职员是否积极参与是非常重要的。
· 기업문화에 **대해 말씀 드리면**,
  직원들의 적극적인 참여 여부가 매우 중요합니다.

04 只要……　~하기만 하면

只要我们抓好产品质量, 加大市场的开发力度, 那么, 今年的任务一定会超额完成。
· 저희가 좋은 상품에 대한 퀄리티를 잘 잡아서 시장 개발에
  힘을 더 가하기**만 한다면**, 올해의 임무는 반드시 목적액
  이상을 달성할 수 있을 것입니다.

只要是能让顾客满意的, 我们都会认真考虑。
· 고객을 만족시킬 **수만 있다면**,
  저희 모두 잘 고려해 볼 수 있습니다.

06 | 필수! BIZ 롤플레이

상대방과 역할을 나누어 아래의 두 가지 상황에 맞는 대화를 중국어로 표현해 보세요.

 您刚从上海出差回来。请您向上司汇报你出差时完成任务的全部过程。
包括合作公司的社长给上司的问候。

 你们开发小组完成了一项新产品的研发。
请您向上司报告新产品开发的过程和取得的成果。

07 | 필수! BIZ 톡톡

아래의 질문을 보고 자신의 경험에 대해 말해 보세요.

- 01 您平时隔多长时间向上司汇报一次工作?
- 02 您每次汇报, 用多长时间?

08 | 最后填空

아래의 빈 칸에 알맞은 단어를 넣어 문장을 완성하고 해석해 보세요.

| ⓐ 汇报 | ⓑ 超额 | ⓒ 顺利 | ⓓ 评估 | ⓔ 预料 |

- 01 这次改革进行得很_____。
- 02 社长让你马上去_____昨天开会的情况。
- 03 这个结果是大家都没有_____到的。
- 04 我们已经_____完成了生产任务。
- 05 我们做事要正确_____自己的能力。

请您说一下今天课程中印象最深的是什么。

제 3 과

我只是担心产品质量会出现波动。

다만, 품질로 인한 파동이 발생하지 않을까 걱정을 할 뿐입니다.

학습목표
01 현지 담당 직원을 통해 회사 제품에 대한 현황을 자세히 파악할 수 있습니다.
02 중국 측 관계자와 제품의 퀄리티에 대해 다양한 의견을 공유할 수 있습니다.

주요패턴
01 "……下来"
02 "在……过程中"
03 "中国有句老话……"
04 "转达……"

01 | 情景对话

다음 사진을 보면서 아래의 단어들을 활용하여 주어진 상황에 대해 중국어로 말해 보세요.

상황 ▶ 제품의 퀄리티에 대해 서로 각자의 의견을 이야기하고 있습니다.

단어 》 | 需求量 | 问题 | 波动 | 出现 | 市场

02 | 필수! BIZ 성어

아래의 성어를 읽고 해당 성어가 들어간 예문을 써 보세요.

01 多快好省　　duō kuài hǎo shěng　　더 많이, 더 빨리, 더 좋게, 절약하다

➡

02 物美价廉　　wù měi jià lián　　상품의 질이 좋고 가격도 저렴하다

➡

03 货真价实　　huò zhēn jià shí　　품질도 믿을만하고 가격도 적당하다

➡

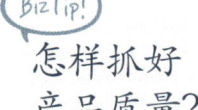

怎样抓好
产品质量?

抓产品的质量工作，必须从根本上抓起，治标更要治本。

首先、要建立一把手质量负责制。企业的一把手必须坚持"质量第一"的原则，并通过言传身教让全体员工都要有全面质量管理意识。

第二、制定严格的质量管理标准。制定质量管理标准，明确谁应该对哪一个生产步骤负责，产品需要达到什么标准，以及谁来检查，谁来对绩效打分等，将质量管理的理念贯彻到生产的各个环节。

第三、加强质量管理的过程控制。加强质量管理的过程控制，不单是在产品的制造过程加强质量控制，而是要将此伸延到制造的上下游环节。

第四、强化质量管理的执行力。质量管理工作牵涉的面广，要使其落到实处，除了要领导重视，严格标准，严厉处罚以外，还需要全体干部员工自觉维护执行。

03 | 필수! BIZ 대화 — 제품의 퀄리티에 대해 의논할 때!

상대방과 역할을 나누어 아래의 본문을 읽고 밑줄 친 곳에 새로운 표현을 넣어 문장을 연습해 보세요.

> 李社长找郑科长讨论产品在生产质量过程中可能出现的隐患。

郑科长　李社长您好!

李社长　啊,郑科长,你来得正好,我找你有事商量。

郑科长　不知道社长找我有什么事? 是生产现场出现了什么问题吗?

李社长　没出什么问题,我只是担心产品质量会出现①下降。

李社长　你坐下来②慢慢儿说,我给你倒一杯茶。

郑科长　您是不是③担心最近市场需求量④增大,所以产品在生产过程中会出现质量问题?

李社长　是啊,我担心的就是这一点。中国有句老话,"萝卜快了不洗泥。"

郑科长　不过,社长请您放心。我们一定会把好这一关,绝对不会出现任何⑤疏忽。

李社长　你这么说我就放心了。最近,工厂每天加班加点,职工们也挺不容易的。有什么需要,尽量满足大家。

郑科长　谢谢社长的关心和理解。我会跟厂长转达您的意思的。

李社长　要不咱俩今天下午一起去厂里看看吧?

郑科长　好的,那我去准备一下。

새로운 표현 Tip!

① **下落** xiàluò
동 떨어지다, 하락하다, 하강하다

下滑 xiàhuá
동 아래로 미끄러지다

② **仔细地** zǐxìde
세심하게, 꼼꼼하게

详细地 xiángxìde
상세하게

③ **不放心** bù fàngxīn
동 마음을 놓지 못하다

操心 cāoxīn
동 신경을 쓰다, 걱정하다

④ **突增** tūzēng
갑자기 증가하다

急增 jízēng
갑자기 증가하다

⑤ **大意** dàyi
동 부주의하다, 소홀하다

粗心 cūxīn
형 세심하지 못하다, 부주의하다

본문 내용을 읽고 다음 질문에 대해 중국어로 대답해 보세요.

| 1 | 李社长担心生产过程中存在哪些隐患?
| 2 | 听到郑科长汇报之后,李社长的态度如何?

04 | 필수! BIZ 단어

제품의 퀄리티와 관련된 대화를 나눌 때 자주 사용하는 단어입니다. 아래의 단어를 따라 읽고 단어 앞의 박스에 체크 표시를 한 후 문장을 만들어 보세요.

☑☐	01	生产	shēngchǎn	동 생산하다
☐☐	02	质量	zhìliàng	명 품질
☐☐	03	隐患	yǐnhuàn	명 겉으로 드러나지 않은 폐해, 잠복 중인 병
☐☐	04	出问题	chūwèntí	문제가 드러나다
☐☐	05	下降	xiàjiàng	동 하강하다, (정도가)떨어지다, 낮아지다
☐☐	06	倒	dào	동 (물, 차, 음료 등) 따르다
☐☐	07	需求量	xūqiúliàng	명 수요량, 필요량
☐☐	08	担心	dānxīn	동 염려하다, 걱정하다
☐☐	09	增大	zēngdà	동 증대하다, 확대하다, 늘리다
☐☐	10	萝卜	luóbo	명 무우
☐☐	11	泥	ní	명 진흙
☐☐	12	把关	bǎguān	동 관문을 지키다
☐☐	13	疏忽	shūhū	동 소홀히 하다
☐☐	14	加班加点	jiābān jiādiǎn	동 연장근무를 하다
☐☐	15	满足	mǎnzú	형 만족하다
☐☐	16	厂长	chǎngzhǎng	명 공장장

05 | 필수! BIZ 패턴

아래의 표현을 읽고 패턴을 활용하여 새로운 문장을 만들어 보세요.

01 ……下来   어떤 동작을 통해 사람이나 사물이 어느 곳에 고정되어 있음을 뜻함
(동사 뒤에서 "고정 또는 지속"을 나타내는 보어)

你坐**下来**慢慢儿说, 我给你倒一杯茶。
· 앉아서 천천히 말해 보세요, 차 한 잔 드리겠습니다.

你把这个样品照**下来**了吗?
· 이 샘플을 사진으로 **찍었습니까**?

02 在……过程中   ~한 과정 속에서

您是不是担心最近市场需求量增大, 所以产品**在**生产**过程中**会出现质量问题?
· 최근 시장 수요량이 증대되어서, 생산 **과정 중** 제품에 퀄리티 문제가 생길까 걱정이 되십니까?

我国的经济**在**快速发展**过程中**也出现了一些矛盾。
· 국가 경제가 빠르게 발전하는 **과정 속에서** 일부 모순점들이 드러났습니다. .

03 中国有句老话,……   중국에 ~라는 옛말이 있습니다

中国有句老话, "萝卜快了不洗泥。"
· 중국에 "서두르면 일을 그르칠 수 있다"는 옛말이 있습니다.

中国有句老话, "世上无难事, 只怕有心人。"
· 중국에 "마음만 있으면 못할 일이 없다"는 옛말이 있습니다.

04 转达……   전달하다, 전하다

我会跟厂长**转达**您的意思的。
· 제가 공장장에게 **전달하겠습니다**.

请你务必把这件事**转达**给公司领导。
· 당신은 반드시 회사 책임자에게 이 일을 **전해야 합니다**.

06 | 필수! BIZ 롤플레이

상대방과 역할을 나누어 아래의 두 가지 상황에 맞는 대화를 중국어로 표현해 보세요.

   您发现一个合作企业的产品质量有问题。
请您向社长反映这个情况, 并采取处理措施。

   产品原材料数量不够, 影响整个产品出口。
请您向上司汇报这一情况, 并建议公司采取补救措施。

07 | 필수! BIZ 톡톡

아래의 질문을 보고 자신의 경험에 대해 말해 보세요.

01 工厂职员对产品质量不太重视，您应该怎么办?
02 夏季空气潮湿，可能对产品质量有影响。您怎么向上司建议?

08 | 最后填空

아래의 빈 칸에 알맞은 단어를 넣어 문장을 완성하고 해석해 보세요.

ⓐ 汇报　|　ⓑ 下降　|　ⓒ 担心　|　ⓓ 疏忽　|　ⓔ 隐患

01 这个楼房的防火措施存在着安全_____。

02 最近由于下雨气温_____了。

03 这件事，你向社长_____了吗？

04 这件事是我_____了，我应该负全责。

05 我最_____的事情终于出现了。

请您说一下今天课程中印象最深的是什么。

2

환경 및 자원

제4과 我这就陪您去现场。
제가 모시고 현장에 가겠습니다.

제5과 这个价, 已经是最低了。
이 가격은 이미 최저가입니다.

제6과 那我们就开始正式签字吧。
그럼 바로 정식으로 서명을 합시다.

备 / 忘 / 录

제4과 我这就陪您去现场。
제가 모시고 현장에 가겠습니다.

학습목표
① 중국 측 관계자와 현장에 방문하여 문제점을 정확하게 파악할 수 있습니다.
② 사업 현장에서 알아 두어야 하는 주의사항에 대해 확인하고 전달할 수 있습니다.

주요패턴
① "刚才……"
② "得……"
③ "关系到……"
④ "就要……了"

01 | 情景对话

다음 사진을 보면서 아래의 단어들을 활용하여 주어진 상황에 대해 중국어로 말해 보세요.

상황 ▶ 현지 관계자와 사업 현장을 시찰하고 있습니다.

단어 》 竣工 | 现场 | 新设备 | 施工 | 试车

02 | 필수! BIZ 성어

아래의 성어를 읽고 해당 성어가 들어간 예문을 써 보세요.

| 01 | 学海无边 | xué hǎi wú biān | 학문에는 끝이 없다 |

➡

| 02 | 明察暗访 | míng chá àn fǎng | 여러 가지 방법으로 조사하다 |

➡

| 03 | 耳听八方 | ěr tīng bā fāng | 각 분야에 귀를 기울이다 |

➡

BizTip!
企业怎样进行现场定植管理?

❶ 安置摆放, 工件要按区域按类放置, 合理使用工位器具。

❷ 及时运转, 勤检查, 勤转序, 勤清理, 标志变化, 应立即转序, 不拖不积, 稳吊轻放, 保证产品外观完好。

❸ 做到单物相符, 工序小票, 传递记录与工件数量相符。

❹ 加强产品产品管理, 有记录, 明显标识, 处理及时。

❺ 安全通道内不得摆放任何物品, 不得阻碍。

❻ 消防器材定置摆放, 不得随意挪作他用, 保持清洁卫生, 周围不得有障碍物。

03 | 필수! BIZ 대화   현장을 시찰할 때!

상대방과 역할을 나누어 아래의 본문을 읽고 밑줄 친 곳에 새로운 표현을 넣어 문장을 연습해 보세요.

> 姜科长到李社长的办公室，来见李社长。

郑科长　李社长，您有什么事？这么急着找我？
李社长　你现在有没有空？陪我去施工现场看看怎么样？
郑科长　施工现场①<u>出什么事了</u>？
李社长　不是，昨天从美国进口的新设备到了，我有点儿②<u>不放心</u>。
郑科长　好，我这就陪您去现场。
　　　　（两人到了施工现场。）
李社长　这就是我刚才说的那个新设备。
郑科长　还没③<u>打开包装</u>呢。
李社长　是的，得尽快安装试车。它关系到公司下一阶段的整体操作。
郑科长　试车日期定下来了吗？
李社长　厂房就要竣工了，我打算把日期定在竣工典礼之后。
郑科长　厂房现在就差后续的一些工程了，这周差不多就能收尾。
李社长　厂房完工之后，就抓紧时间尽快安装设备。
郑科长　知道了，我们一定④<u>全力以赴</u>。
李社长　我相信你们，但一定要⑤<u>注意安全</u>。
郑科长　放心吧，社长！

새로운 표현 Tip!

① 有什么问题吗？
yǒu shénme wèntí ma?
무슨 문제 있나요？

出事故了吗？
chū shìgù le ma?
무슨 사고 났어요？

② 担心 dānxīn
동 걱정하다

惦记 diànjì
동 신경 쓰다

③ 开箱 kāixiāng
동 상자를 열다

拆箱 chāixiāng
동 포장을 뜯다

④ 竭尽全力 jiéjìnquánlì
성 모든 힘을 다 기울이다

尽心尽力 jìnxīnjìnlì
성 있는 힘과 성의를 다하다

⑤ 别出事儿 bié chū shìr
사고 나지 않게 하다

确保安全 quèbǎo ānquán
안전을 확보하다

본문 내용을 읽고 다음 질문에 대해 중국어로 대답해 보세요.

1 | 李社长为什么急着找姜科长？
2 | 新设备的安装，对公司有什么重要意义？

04 | 필수! BIZ 단어

현장을 시찰할 때 자주 사용하는 단어입니다. 아래의 단어를 따라 읽고 단어 앞의 박스에 체크 표시를 한 후 문장을 만들어 보세요.

☑ ☐	01	施工	shīgōng	동 공사하다
☐ ☐	02	现场	xiànchǎng	명 (작업)현장, 현지
☐ ☐	03	进口	jìnkǒu	동 수입하다
☐ ☐	04	设备	shèbèi	명 설비, 시설
☐ ☐	05	包装	bāozhuāng	동 포장하다
☐ ☐	06	刚才	gāngcái	명 방금, 이제 금방
☐ ☐	07	试车	shìchē	동 시운전하다
☐ ☐	08	操作	cāozuò	동 조작하다, 다루다
☐ ☐	09	命运	mìngyùn	명 운명
☐ ☐	10	竣工	jùngōng	동 준공하다(되다)
☐ ☐	11	典礼	diǎnlǐ	명 식, 행사
☐ ☐	12	完工	wángōng	동 완공하다
☐ ☐	13	安装	ānzhuāng	동 설치하다, 고정하다, 장착하다
☐ ☐	14	厂房	chǎngfáng	명 공장 건물, 작업장, 일터

05 | 필수! BIZ 패턴

아래의 표현을 읽고 패턴을 활용하여 새로운 문장을 만들어 보세요.

01 刚才…… 방금~

这就是我**刚才**说的那个新设备。
刚才是谁发来的传真？

- 이것은 제가 **방금** 말씀 드린 새로운 시설입니다.
- **방금** 누가 팩스를 보내왔습니까?

02 得…… ~해야 한다

得尽快安装试车。
快要上班了，你**得**做好准备。

- 최대한 빨리 장착하여 시운전 **해야** 합니다.
- 이제 출근할 시간인데, 준비를 잘 **해야** 합니다.

03 关系到…… ~와 관계되어 있다

它**关系到**公司下一阶段的整体操作。
这件事**关系到**我们的事业能否成功。

- 그것은 사내 다음 단계의 전체 운영**과 관계되어 있습니다**.
- 이 일은 저희의 사업 사업이 성공할 수 있는지 없는지의 여부**와 관계되어 있습니다**.

04 就要……了 곧 ~할 것이다

厂房**就要**竣工**了**。
飞机**就要**到**了**，你准备准备。

- 공장이 **곧** 준공됩니다.
- 비행기는 **곧** 착륙합니다, 얼른 준비하세요.

06 | 필수! BIZ 롤플레이

상대방과 역할을 나누어 아래의 두 가지 상황에 맞는 대화를 중국어로 표현해 보세요.

 公司进口的新设备马上就要试车了。
请您把此事报告给社长，并要求陪社长到试车现场看看。

 生产现场设备出了故障，
请您立刻到现场了解事故的原因，并采取有效的补救措施。

07 | 필수! BIZ 톡톡

아래의 질문을 보고 자신의 경험에 대해 말해 보세요.

01 您平时经常去生产现场了解实际情况吗?

02 现场出事故的时候, 应该怎么处理?

08 | 最后填空

아래의 빈 칸에 알맞은 단어를 넣어 문장을 완성하고 해석해 보세요.

ⓐ 进口 | ⓑ 打开 | ⓒ 定下来 | ⓓ 就要 | ⓔ 相信

01 马上_____下班了, 一起去喝一杯怎么样?

02 这个_____设备是哪国产的?

03 请你_____我们, 这个产品质量绝对没问题。

04 请_____包装, 并小心取出物品。

05 你出差的时间_____了吗?

请您说一下今天课程中印象最深的是什么。

제5과 这个价, 已经是最低了。

이 가격은 이미 최저가 입니다.

학습목표
① 중국 측 담당 직원이 원하는 부분이 무엇인지 파악함으로써, 자사의 유리한 입장을 이끌어낼 수 있습니다.
② 중국 측 관계자와의 성공적인 가격 협상을 통해 지속적으로 신뢰를 쌓을 수 있습니다.

주요패턴
① "早就……"
② "不瞒你说……"
③ "无论 A 还是 B"
④ "像 A 的 B, 并不……"

01 | 情景对话

다음 사진을 보면서 아래의 단어들을 활용하여 주어진 상황에 대해 중국어로 말해 보세요.

상황 ▶ 중국 측 관계자와 자사 제품에 대한 가격을 최종적으로 협상하고 있습니다.

단어 ≫　运费　｜　订购　｜　价格　｜　数量　｜　销售

02 | 필수! BIZ 성어

아래의 성어를 읽고 해당 성어가 들어간 예문을 써 보세요.

01 明码实价　　　míng mǎ shí jià　　　고객을 속이지 않고 정찰가로 판매하다

➡

02 讨价还价　　　tǎo jià huán jià　　　값을 흥정하다

➡

03 无价之宝　　　wú jià zhī bǎo　　　돈으로 살 수 없는 보물

➡

BizTip!
企业之间 怎么 协商价格？

协商价格，是指买卖双方通过协商确定的一个双方均愿接受的价格。
协商价格通常要低于市价，原因是内部结算价格中不包含外部推销、管理费用和税金等；内部转移的中间产品数量较大，单位成本相应较低；供应方大多拥有剩余 生产能力。
如果双方都有充分的信息了解各自分部的成本和收入，那么协商的过程将得到改进。如果有自由成本流和收入流信息，对各方管理者来说会更容易确定提高利润的机会，以利于各方在转让过程中都获益。
这种价格应能反映特殊情况或非常情况而为买卖双方所同意。
在一般情况下，议价往往可以以市价为上限，以变动成本为下限，在此范围内确定协商价格。

03 | 필수! BIZ 대화   가격을 협상할 때!

상대방과 역할을 나누어 아래의 본문을 읽고 밑줄 친 곳에 새로운 표현을 넣어 문장을 연습해 보세요.

> 王总来到李社长的办公室,两人进行价格协商。

李社长	你好王总! 我早就①知道你一定会来找我。
王 总	不瞒你说,上次你们公司举办新产品发布会之后,我就准备来看看你这个老朋友了。
李社长	那你②相中哪个新产品了?
王 总	就是你最器重的一号。
李社长	你真有③眼光。
王 总	这款产品无论是从款式上,还是功能上,都无可挑剔。不过,价格有点儿高。
李社长	这个价,已经是最低了。
王 总	我知道价格方面你确实做了很多④努力。
李社长	市场上,像这种物美价廉的产品并不多见。
王 总	这次我要⑤订购的数量很多,要两万件。
李社长	好,价格上我们没办法再优惠了,不过其他方面可以商量。
王 总	好的,那我们双方最好近期一起开个会具体协商一下。只要我们在保证质量的前提下,积极推广,相信一定会受到顾客的欢迎。
李社长	这不是都得依靠你帮忙吗?
王 总	好说好说!

새로운 표현 Tip!

① 猜到 cāidào
   동 알아차리다

   明白 míngbai
   동 알다, 이해하다

② 看中 kànzhòng
   동 마음에 들다, 좋아하다

   选中 xuǎnzhòng
   동 선택하다, 발탁하다

③ 远见 yuǎnjiàn
   명 예견, 선견지명

   高见 gāojiàn
   명 고견

④ 工作 gōngzuò
   명 직업, 일자리, 노동

   措施 cuòshī
   명 조치, 대책

⑤ 购买 gòumǎi
   동 사다, 구매(구입)하다

   买入 mǎirù
   동 매입하다

본문 내용을 읽고 다음 질문에 대해 중국어로 대답해 보세요.

| 1 | 王总为什么来找李社长?
| 2 | 最后,李社长和王总的价格问题得到解决了吗?

04 | 필수! BIZ 단어

가격에 대해 협상할 때 자주 사용하는 단어입니다. 아래의 단어를 따라 읽고 단어 앞의 박스에 체크 표시를 한 후 문장을 만들어 보세요.

☑	☐	01 价格协商	jiàgéxiéshāng	몡 가격 협상
☐	☐	02 举办	jǔbàn	동 개최하다, 열다
☐	☐	03 发布会	fābùhuì	몡 발표회
☐	☐	04 之后	zhīhòu	몡 ~뒤, ~후
☐	☐	05 器重	qìzhòng	동 신임하다, 중시하다
☐	☐	06 款式	kuǎnshì	몡 스타일, 양식, 격식
☐	☐	07 功能	gōngnéng	몡 기능, 작용, 효능
☐	☐	08 无可挑剔	wúkětiāotī	흠 잡을 곳이 없다
☐	☐	09 物美价廉	wùměijiàlián	성 상품의 질이 좋고 값도 저렴하다
☐	☐	10 优惠	yōuhuì	형 우대의, 특혜의
☐	☐	11 协商	xiéshāng	동 협상하다, 협의하다
☐	☐	12 前提	qiántí	몡 전제(조건)
☐	☐	13 积极	jījí	형 적극적이다, 열성적이다, 의욕적이다, 진취적이다
☐	☐	14 推广	tuīguǎng	동 널리 보급(확대, 확충)하다
☐	☐	15 依靠	yīkào	동 기대(어 두)다, 접근하다

05 필수! BIZ 패턴

아래의 표현을 읽고 패턴을 활용하여 새로운 문장을 만들어 보세요.

01 早就…… 벌써, 진작 ~

我**早就**知道你一定会来找我。

如果**早就**知道你们的产品这么好，我就不会费那么大劲了。

· 당신이 저를 찾아올 것이라는 것을 **진작** 알고 있었습니다.

· 만약 상품이 이렇게 좋을 것이라고 **진작** 알았다면 제가 그렇게 힘을 많이 들이지는 않았을 것입니다.

02 不瞒你说…… 솔직히 말해서 ~

不瞒你说，上次你们公司举办新产品发布会之后，我就准备来看看你这个老朋友。

不瞒你说，我原先对开拓中国市场真有点儿担心。

· **솔직히 말해서** 지난 번 회사에서 개최한 신제품 발표회 직후, 저는 오랜 친구인 당신을 한 번 보기 위해 준비를 해 왔습니다.

· **솔직히 말해서**, 저는 처음부터 중국 시장 개척에 대해 걱정이 좀 되었습니다.

03 无论是 A 还是 B A이든 B이든, A에서나 B에서나

这款产品**无论是**从款式上，**还是**功能上，都无可挑剔。

无论是在日本**还是**在美国，这个款式都受到了顾客的欢迎。

· 이 스타일은 모양 면에서나, 기능 면에서나 모두 흠 잡을 곳이 없습니다.

· 일본**이든** 미국**이든** 고객들은 모두 이 스타일을 좋아합니다.

04 像 A 的 B，并不…… A와 같은 B를 ~하는 것은 아니다

市场上，**像**这种物美价廉**的**产品**并不**多见。

像这么不错**的**产品，**并不**是什么时候都能看得到的。

· 시장에서 상품의 질이 좋고 값도 저렴한 **이와 같은 상품을** 자주 보는 것은 **아닙니다**.

· **이처럼 괜찮은 상품을** 언제든지 볼 수 있는 것은 **아닙니다**.

06 필수! BIZ 롤플레이

상대방과 역할을 나누어 아래의 두 가지 상황에 맞는 대화를 중국어로 표현해 보세요.

 您出差到青岛的合作公司，并同该公司的同事一起，协商购买他们产品的事宜。

 请您向顾客说明一下，你们公司的产品价格为什么比市场上同类产品高一点儿的原因。

07 | 필수! BIZ 톡톡

아래의 질문을 보고 자신의 경험에 대해 말해 보세요.

01 协商价格的时候, 买卖双方应该采取什么态度?
02 怎样向对方说明应该要降低价格的理由?

08 | 最后填空

아래의 빈 칸에 알맞은 단어를 넣어 문장을 완성하고 해석해 보세요.

| ⓐ 早就 | ⓑ 相中 | ⓒ 器重 | ⓓ 物美价廉 | ⓔ 关照 |

01 他年轻有为, 很受领导们的_____。

02 我在这里人生地不熟, 多亏你的_____。

03 这里离地铁站比较近, 所以我_____了这个地方。

04 我不是_____告诉你了吗?

05 这儿的东西_____, 深受顾客的欢迎。

请您说一下今天课程中印象最深的是什么。

제 6 과 那我们就开始正式签字吧。

그럼 바로 정식으로 서명을 합시다.

학습목표
01 중국 측 관계자와 계약서를 작성할 때 해당 내용을 정확하게 확인할 수 있습니다.
02 체결하기 전, 계약서의 주요 사항을 보고 자사의 입장에 맞게 수정할 수 있습니다.

주요패턴
01 "认为……"
02 "根据……"
03 "把……"
04 "为 + 명사"

01 | 情景对话

다음 사진을 보면서 아래의 단어들을 활용하여 주어진 상황에 대해 중국어로 말해 보세요.

상황 ▶ 중국 측 관계자들과 자사의 제품에 대한 계약을 정식으로 체결하고 있습니다.

단어 » 合同书 | 条款 | 签订 | 违约 | 要求

02 | 필수! BIZ 성어

아래의 성어를 읽고 해당 성어가 들어간 예문을 써 보세요.

01 千金一诺　　qiān jīn yí nuò　　약속한 말은 틀림없이 지킨다

➤

02 一言九鼎　　yì yán jiǔ dǐng　　말 한 마디가 구정만큼 무겁다

➤

03 金口玉言　　jīn kǒu yù yán　　한 번 말하면 바꿀 수 없는 말

➤

BizTip!
签订合同应该注意什么?

❶ 当事人名称须真实。
❷ 合同标的数量、质量、价款和包装方式要具体, 明确。
❸ 注意验收方法, 程序和时间。
❹ 履行方式为交货方式、结算方式, 都须具体的。
❺ 履行期限须确定某一时间点或时间段。
❻ 尽量明确本司所在地为合同履行地。
❼ 违约责任要量化为违约金或确定违约赔偿金的计算方法。
❽ 解决争议办法为协商, 诉讼, 约定由本司所在地法院仲裁。

03 | 필수! BIZ 대화   계약을 체결할 때!

상대방과 역할을 나누어 아래의 본문을 읽고 밑줄 친 곳에 새로운 표현을 넣어 문장을 연습해 보세요.

张副总来参加双方合同签订仪式。

李先生	欢迎欢迎! 欢迎你来参加合同签订仪式。
张副总	谢谢! 我很高兴①<u>出席</u>这个仪式。
李先生	你看, 这就是我们修订的合同书草案。
张副总	我已经②<u>仔细</u>地看了每一款项。我认为内容很详细, 也很具体, 没什么问题。
李先生	那就好。这份合同书里, 凝聚着我们两个公司的辛勤努力和心血。
张副总	所以, 我们应该更加珍惜这一③<u>宝贵</u>的机会。
李先生	根据条款, 规定合同期为三年。
张副总	在合同期内, 若有一方出现违约, 将要赔偿对方的经济损失。
李先生	这是当然。我们公司将依照合同进行, 信守原则, 请贵公司放心。
张副总	还有, 合同书还要分韩中两种文字, 一式两份。
李先生	对, 我已经按照你的要求, 都准备好了。
张副总	好, 那我们就开始正式签字吧。
李先生	签字。为了纪念这一重要时刻, 我们先一起④<u>留个影</u>, 然后大家都把酒杯高高地举起来吧。
张副总	好, 为我们的⑤<u>合作愉快</u>, 干杯!

새로운 표현 Tip!

① 参加 cānjiā
동 (어떤 조직이나 활동) 참여하다, 참석하다

来到 láidào
동 도착하다, 오다

② 详细 xiángxì
형 상세하다, 자세하다

认真 rènzhēn
형 진지하다, 착실하다

③ 珍贵 zhēnguì
형 진귀하다, 귀중하다

难忘 nánwàng
동 잊기 어렵다, 잊을 수 없다

④ 照个相 zhàogexiàng
사진을 찍다

拍个照 pāigezhào
사진을 찍다

⑤ 共同利益 gòngtóng lìyì
명 공동이익

友谊 yǒuyì
명 우의, 우정

본문 내용을 읽고 다음 질문에 대해 중국어로 대답해 보세요.

| 1 | 签订合同之后, 李先生和张副总的心情怎么样?
| 2 | 您觉得中国签订合同的特点是什么?

04 | 필수! BIZ 단어

계약을 체결할 때 자주 사용하는 단어입니다. 아래의 단어를 따라 읽고 단어 앞의 박스에 체크 표시를 한 후 문장을 만들어 보세요.

☑☐	01	双方	shuāngfāng	명 쌍방, 양쪽, 양측
☐☐	02	签订仪式	qiāndìngyíshì	명 계약식
☐☐	03	修订	xiūdìng	명 (서적 등을) 수정하다
☐☐	04	合同书草案	hétóngshūcǎo'àn	계약서 초안
☐☐	05	仔细	zǐxì	형 세심하다, 꼼꼼하다
☐☐	06	凝聚	níngjù	동 응집하다, 응집되다, 모으다, 모이다
☐☐	07	辛勤努力	xīnqínnǔlì	열과 성을 다하고 정성을 들여 노력하다
☐☐	08	心血	xīnxuè	명 심혈
☐☐	09	珍惜	zhēnxī	동 소중히 여기다
☐☐	10	条款	tiáokuǎn	명 조항, 조목
☐☐	11	规定	guīdìng	동 규정하다 명 규정
☐☐	12	合同期	hétóngqī	명 계약기간
☐☐	13	违约	wéiyuē	동 계약을 위반하다
☐☐	14	赔偿	péicháng	동 배상하다, 보상하다
☐☐	15	经济损失	jīngjìsǔnshī	명 경제적 손실

| 제 6 과 | 那我们就开始正式签字吧。

05 | 필수! BIZ 패턴

아래의 표현을 읽고 패턴을 활용하여 새로운 문장을 만들어 보세요.

01 认为…… ~라고 여기다, 생각하다

我**认为**内容很详细, 也很具体, 没什么问题。
· 제가 보기에는 내용이 상세적이고 구체적이어서 문제 없다고 **여겨집니다**.

你**认为**今天的会议开得怎么样?
· 오늘 회의는 어떻게 **생각하십니까**?

02 根据…… ~에 근거하여

根据条款, 规定合同期为三年。
· 조항에 **근거하여** 계약기간은 3년으로 규정되어 있습니다.

根据公司规定, 废水不可任意排放。
· 회사 규정에 **근거하여** 폐수를 임의로 배출할 수 없습니다.

03 把…… ~을 (목적어 강조)

我们先一起留个影, 然后大家都**把**酒杯高高地举起来吧。
· 우리 먼저 사진을 같이 찍고 나서 모두 잔을 높이 들어 올립시다.

请你**把**这封信交给你们社长。
· 이 편지를 사장님께 전달해 주세요.

04 为 + 명사 ~을 위하여

为我们的合作愉快, 干杯!
· 우리의 완벽한 협력**을 위하여**, 건배!

他们**为**我们购买了贵公司的产品。
· 그들은 우리**를 위해** 귀사의 제품을 구매했습니다.

06 | 필수! BIZ 롤플레이

상대방과 역할을 나누어 아래의 두 가지 상황에 맞는 대화를 중국어로 표현해 보세요.

 庆祝合同签字酒会上, 祝酒词里应该包含什么内容? 如果您酒量不行怎么办?

 在合同签字仪式上, 请您代表公司, 向对方代表表示谢意, 并向来参加会议的贵宾致意。

07 | 필수! BIZ 톡톡

아래의 질문을 보고 자신의 경험에 대해 말해 보세요.

01 签订合同的时候, 应该注意什么细节?
02 签订合同以后, 您应该如何严格执行合同?

08 | 最后填空

아래의 빈 칸에 알맞은 단어를 넣어 문장을 완성하고 해석해 보세요.

ⓐ 仔细 | ⓑ 赔偿 | ⓒ 应该 | ⓓ 根据 | ⓔ 留个影

01 这儿的风景美极了, 我们在这儿_____吧。

02 由于工作失误, 公司付出了巨额_____费。

03 你_____地检查一下, 看看有没有错的。

04 见面的时间到了, 他_____来了。

05 这是_____什么原理做出来的?

请您说一下今天课程中印象最深的是什么。

3 갈등 및 관리

제7과 我们实行弹性工作制。
저희는 탄력 근무제를 실행하고 있습니다.

제8과 我会把你的情况汇报给社长。
저는 당신의 상황을 사장님에게 보고 하겠습니다.

제9과 这我们也有责任。
이는 저희에게도 책임이 있습니다.

备 / 忘 / 录

제 7 과

我们实行弹性工作制。

저희는 탄력 근무제를 실행하고 있습니다.

학습목표
01 중국 측 관계자와 현지 직원들의 근무 형태에 대한 의견을 나눌 수 있습니다.
02 보다 나은 근무 환경을 위해 관계자들과 의논하여 사내 제도를 개선할 수 있습니다.

주요패턴
01 "……完"
02 "多亏……"
03 "……应该怎么办?"
04 "凡事……"

01 | 情景对话

다음 사진을 보면서 아래의 단어들을 활용하여 주어진 상황에 대해 중국어로 말해 보세요.

상황 ▶ 사내 근무 형태에 대해 서로 의견을 나누고 있습니다.

단어 》 动向 | 实行 | 好转 | 出勤统计表 | 弹性工作制

02 | 필수! BIZ 성어

아래의 성어를 읽고 해당 성어가 들어간 예문을 써 보세요.

01 了如指掌   liǎo rú zhǐ zhǎng   제 손금을 보듯 환하다

➡

02 平易近人   píng yì jìn rén   태도가 겸손하고 온화하여 쉽게 접근할 수 있다

➡

03 心心相印   xīn xīn xiāng yìn   서로 생각과 감정이 완전히 일치하다

➡

BizTip!
怎样了解 职员心理?

方法一 通过即时交流, 可以在线即时了解员工的工作情况。它打破了企业层级, 让管理者非常方便的跟任何一个员工进行实时沟通。

方法二 通过评阅日志, 管理者随时随地查阅员工的工作日志, 并且给予点评。管理者不仅可以了解员工的工作内容, 并可以发现员工在不在状态, 当前有没有困扰的问题等, 并有针对性的指正。

方法三 通过查看计划, 管理者可以及时了解员工工作的方向, 防止工作跑偏, 并可以监督工作的落实情况。

方法四 通过关注项目, 管理者可以了解布置给员工的任务, 项目执行过程, 以及成果体现等等。管理者可以及时发现偏离目标的执行并给予纠正, 还可以对员工的参与度和贡献度作出基于事实的客观评价。

03 | 필수! BIZ 대화 — 사내 근무 현황에 대해 의논할 때!

상대방과 역할을 나누어 아래의 본문을 읽고 밑줄 친 곳에 새로운 표현을 넣어 문장을 연습해 보세요.

申部长向社长汇报公司职员的动向。

李社长　你好，我刚开完会，你有事吗？
申部长　李社长您好！我想向您汇报一下实行弹性工作制后的职员动向。
李社长　来，你①<u>坐下来</u>慢慢儿说。
申部长　谢谢，原来公司迟到和早退的现象比较多。
李社长　对，我也能理解有些家远的职员，确实②<u>辛苦</u>。从3月份开始我们实行弹性工作制的目的，就是要扭转这种局面。你看过上个月的出勤表了吗？
申部长　看了。之前，我们也采取了一些措施。可是，效果不太③<u>明显</u>，迟到早退的人依然很多。但实行弹性工作制之后，迟到和早退现象已经有了明显的好转。
李社长　看起来我们的措施确实开始见效了。
申部长　多亏社长的果断决策。
李社长　这都是大家共同④<u>努力</u>的结果。
申部长　社长，那下一步应该怎么办？
李社长　凡事不能急躁冒进，我们得一步一步来。
申部长　知道了，那我们先⑤<u>巩固</u>目前的成果。
李社长　对，然后再考虑下一步改革。

새로운 표현 Tip!

① 进来 jìnlái
   동 들어오다

   进屋 jìnwū
   방에 들어가다

② 不容易 bùróngyì
   쉽지 않다

   遭罪 zāozuì
   동 고생하다, 혼나다, 죄(벌) 받다

③ 显著 xiǎnzhù
   형 현저하다, 뚜렷하다

   理想 lǐxiǎng
   형 이상적이다, 만족스럽다

④ 奋斗 fèndòu
   동 (목적 달성) 분투하다

   辛苦 xīnkǔ
   형 고생스럽다(수고롭다)

⑤ 稳定 wěndìng
   형 안정되다

   保持 bǎochí
   동 (지속적으로) 유지하다

본문 내용을 읽고 다음 질문에 대해 중국어로 대답해 보세요.

|1| 申部长向李社长汇报了什么情况？
|2| 实行弹性工作制之后，出现了什么结果？

04 | 필수! BIZ 단어

사내 근무 형태와 관련된 대화를 나눌 때 자주 사용하는 단어입니다. 아래의 단어를 따라 읽고 단어 앞의 박스에 체크 표시를 한 후 문장을 만들어 보세요.

01	实行	shíxíng	동 실행하다
02	弹性工作制	tánxìnggōngzuòzhì	명 선택적 근로 시간제
03	动向	dòngxiàng	명 동향, 추세
04	迟到	chídào	동 지각하다
05	早退	zǎotuì	동 조퇴하다, 중도에 나가다
06	现象	xiànxiàng	명 현상
07	扭转	niǔzhuǎn	동 교정하다, 바로잡다; 바꾸다
08	局面	júmiàn	명 국면, 형세, 양상
09	出勤	chūqín	동 출근하다, 외근하다
10	减少	jiǎnshǎo	동 감소하다, 줄이다, 축소하다
11	效果	xiàoguǒ	명 효과
12	依然	yīrán	부 여전히
13	措施	cuòshī	명 조치, 대책
14	见效	jiànxiào	동 효력을 나타내다, 효과를 보다
15	果断	guǒduàn	형 결단력이 있다
16	决策	juécè	동 정책(전략, 방침) 결정하다 명 결정된 정책(전략, 방침)
17	急躁冒进	jízàomàojìn	성 일을 성급하게 무턱대고 하다
18	改革	gǎigé	동 개혁하다 명 개혁

05 | 필수! BIZ 패턴

아래의 표현을 읽고 패턴을 활용하여 새로운 문장을 만들어 보세요.

01 ……完 ~가 끝났다

我刚开**完**会, 你有事吗?
二楼的会议室打印**完**了吗?

- 이제 막 회의가 모두 **끝났는데** 무슨 일 있으세요?
- 2층 회의실에서는 인쇄가 **완료되었나요**?

02 多亏…… ~덕분이다, 다행히

多亏社长的果断决策。
今天**多亏**你开车送我, 要不我就迟到了。

- 사장님의 결단력 있는 정책 **덕분입니다**.
- 오늘 **다행히** 저를 차로 바래다 주셔서 제가 지각을 면했습니다.

03 ……应该怎么办? ~(은) 어떻게 해야 합니까?

那下一步**应该怎么办**?
如果我们准备的备料用完了, **应该怎么办**?

- 그럼 다음 단계는 **어떻게 해야 합니까**?
- 만약 저희가 준비한 원료를 모두 사용하면, **어떻게 해야 합니까**?

04 凡事…… 어떤(무슨)일이든, 매사, 만사 ~

凡事不能急躁冒进。
凡事搞过贸易的人都知道, 诚信是关键的。

- **모든 일**을 무턱대고 성급하게 할 수 없습니다.
- 무역을 해 본 분들은 모두 잘 아시겠지만, **매사** 성실함이 관건입니다.

06 | 필수! BIZ 롤플레이

상대방과 역할을 나누어 아래의 두 가지 상황에 맞는 대화를 중국어로 표현해 보세요.

 请您向社长汇报一下刚刚进公司的新职员的动向, 并建议公司加强对他们的培训教育。

 请您向您的部下了解一下, 最近技术课技术人员 有什么困难需要公司帮忙解决。

07 | 필수! BIZ 톡톡

아래의 질문을 보고 자신의 경험에 대해 말해 보세요.

- 01 如果您被分配到自己大学专业不同的岗位，您怎么办？
- 02 如果现在的工作不太顺心，最好的处理办法是什么？

08 | 最后填空

아래의 빈 칸에 알맞은 단어를 넣어 문장을 완성하고 해석해 보세요.

| ⓐ 实行 | ⓑ 扭转 | ⓒ 效果 | ⓓ 措施 | ⓔ 结果 |

- 01 如何_____现在的局面？
- 02 我一定会让你看到满意的_____。
- 03 这款产品的_____还是比较明显的。
- 04 _____企业安全培训课程对国家对企业都有好处。
- 05 要抓紧采取_____，否则会产生更大的损失。

请您说一下今天课程中印象最深的是什么。

제8과 我会把你的情况汇报给社长。

제가 당신의 상황을 사장님에게 보고 하겠습니다.

학습목표
① 사내 인사 제도에 대해 직원들과 같이 생각해 볼 수 있습니다.
② 사내 직원들의 입장을 고려하여 부서를 배정함으로써 업무의 효율성을 더 높일 수 있습니다.

주요패턴
① "被……"
② "毕竟……"
③ "要是……"
④ "……起来"

01 | 情景对话

다음 사진을 보면서 아래의 단어들을 활용하여 주어진 상황에 대해 중국어로 말해 보세요.

상황 ▶ 사내 직원과 인사 제도에 대해 이야기를 나누고 있습니다.

단어 » 激烈 | 调 | 想法 | 工作热情 | 竞争

02 | 필수! BIZ 성어

아래의 성어를 읽고 해당 성어가 들어간 예문을 써 보세요.

01 投石问路   tóu shí wèn lù   행동 전에 미리 상황을 타진하다

➡

02 知情不报   zhī qíng bú bào   사정을 알면서도 보고하지 않다

➡

03 入木三分   rù mù sān fēn   견해가 날카롭거나 관찰력이 예리하다

➡

BizTip!
怎样反馈
工作情况?

❶ 准备充分。 这是一个带有根本性, 方向性的问题, 也是要汇报的主题思想。

❷ 抓住重点。 根据汇报目的和领导的要求, 选择重点内容, 并找准切入点。

❸ 不说废话。 首先要根据汇报的要求和重点, 事先进行认真准备, 列出提纲或形成文字材料。
汇报时非特殊问题无须过多解释。

❹ 灵活把握。 有时在汇报当中领导会提出一些要求, 比如汇报内容的增减, 对一些问题的关注程度, 汇报时限的变化等。

❺ 实事求是。 向领导汇报工作, 无论怎么切入, 怎么加工润色, 都必须本着认真负责的态度和实事求是的精神, 一定要把汇报工作建立在事实清楚的基础之上。

03 | 필수! BIZ 대화 — 인사 제도에 대해 이야기 할 때!

상대방과 역할을 나누어 아래의 본문을 읽고 밑줄 친 곳에 새로운 표현을 넣어 문장을 연습해 보세요.

李部长找新职员询问企业生活如何。

李部长	听说你最近压力很大,能不能跟我说一说?
新职员	其实,我刚进公司的时候,我是申请去人事部工作的。不过,①<u>当时</u>竞争很激烈,我被分配到了营业部工作。
李部长	你现在工作不是很好吗?
新职员	您过奖了。这三年期间,我努力工作,也得到了公司领导和同事们的②<u>认可</u>。
李部长	那你还有什么其他想法?
新职员	但是,毕竟不是自己喜欢的工作,心里还是有些③<u>别扭</u>。
李部长	你在每年的评比会上,都被评为优秀职员。如果你不能调到人事部,那你怎么办?
新职员	那我只好考虑调到别的公司工作。
李部长	有那么严重吗?
新职员	虽然我很荣幸④<u>被评为</u>优秀职员,但是工作热情还是调动不起来。
李部长	那么,别的公司你打听过吗?
新职员	还没呢。我们公司福利⑤<u>待遇</u>都很不错,但我还是希望在自己喜欢的岗位上工作。
李部长	知道了。正好从下半年开始公司试行"部门移动工作制度"。到时候,我会把你的情况汇报给社长。
新职员	那拜托您了。

새로운 표현 Tip!

① **那时** nà(nèi)shí
  명 그 때, 그 당시

  那个时候 nà(nèi)geshíhou
  그 때

② **认同** rèntóng
  명 승인, 인정

  承认 chéngrèn
  동 승인하다, 인정하다

③ **难受** nánshòu
  형 불편하다, 슬프다

  不顺当 búshùndang
  형 순조롭지 않다, 뜻대로 되지 않다

④ **被选为** bèi xuǎn wéi
  ~으로 선택되다

  被定为 bèi dìng wéi
  ~으로 정해지다

⑤ **工资** gōngzī
  명 임금, 월급

  薪水 xīnshuǐ
  명 봉급, 급여

본문 내용을 읽고 다음 질문에 대해 중국어로 대답해 보세요.

|1| 新职员为什么要调到别的公司工作?
|2| 李部长对新职员的建议是什么?

04 | 필수! BIZ 단어

인사 제도와 관련된 대화를 나눌 때 자주 사용하는 단어입니다. 아래의 단어를 따라 읽고 단어 앞의 박스에 체크 표시를 한 후 문장을 만들어 보세요.

☑ ☐	01	新职员	xīnzhíyuán	명 신입사원
☐ ☐	02	询问	xúnwèn	동 알아보다, 물어보다, 의견을 구하다
☐ ☐	03	如何	rúhé	대 어떠한가?
☐ ☐	04	申请	shēnqǐng	동 신청하다
☐ ☐	05	激烈	jīliè	형 치열하다
☐ ☐	06	分配	fēnpèi	동 분배하다, 할당하다, 안배하다
☐ ☐	07	贡献	gòngxiàn	동 바치다, 공헌하다
☐ ☐	08	想法	xiǎngfǎ	명 방법
☐ ☐	09	评比会	píngbǐhuì	명 비평회 (评比委员会)
☐ ☐	10	调	diào	동 (위치, 인원) 이동하다, 파견하다
☐ ☐	11	打听	dǎting	동 물어보다, 탐문하다
☐ ☐	12	福利待遇	fúlìdàiyù	명 복리후생
☐ ☐	13	岗位	gǎngwèi	명 직장, 부서, 근무처
☐ ☐	14	试行	shìxíng	동 시험 삼아 해 보다, 시행하다

05 | 필수! BIZ 패턴

아래의 표현을 읽고 패턴을 활용하여 새로운 문장을 만들어 보세요.

01 被…… ~이 되다

当时竞争很激烈, 我**被**分配到营业部工作。
下个月我将**被**派到上海分公司工作。

· 당시에 경쟁이 치열해서 저는 영업부로 배정**되어** 일했습니다.
· 다음 달에 저는 상해 지사로 파견**되어** 일할 예정입니다.

02 毕竟…… 결국, 어디까지나

毕竟不是自己喜欢的工作, 心里还是有些别扭。
我**毕竟**是韩国人, 产品说明书里的内容有不少还是看不懂。

· **결국은** 자신이 좋아하는 일이 아니기 때문에 마음은 여전히 부담스럽기도 합니다.
· 저는 **결국은** 한국인이기 때문에 제품 설명서 내용의 상당 부분은 아직 알아볼 수 없습니다.

03 要是…… 만약 ~이라면

要是真的这样, 我只好调到别的公司工作了。
要是你对销售工作感兴趣, 那么我把你调到销售部。

· **만약** 정말 이러하**다면**, 저는 다른 회사로 이직해서 일할 수밖에 없습니다.
· **만약** 판매와 관련된 일에 대해 관심이 있**다면** 제가 판매팀으로 배정해 드리겠습니다.

04 ……起来 ~하기 시작하다

虽然很荣幸被评为优秀职员, 但是工作热情还是调动不**起来**。
最近工作太忙, 压力太大, 所以总是高兴不**起来**。

· 우수 직원으로 평가되어 영광스럽게 생각하지만, 일에 대한 열정은 아직 **일어나지 않고 있습니다**.
· 최근 일이 너무 바쁘고 스트레스도 많아서 항상 기쁜 마음이 **생기지 않습니다**.

06 | 필수! BIZ 롤플레이

상대방과 역할을 나누어 아래의 두 가지 상황에 맞는 대화를 중국어로 표현해 보세요.

 您大学刚刚毕业, 被分配到研究所工作。但是对此您不太满意。
您去找人事部部长, 说说您的要求。

 您被派到北京做驻在员工作。但是, 您对驻在员工作不感兴趣。
您去找找社长说明您的情况, 要求派别人去北京。

07 | 필수! BIZ 톡톡

아래의 질문을 보고 자신의 경험에 대해 말해 보세요.

01 跟领导谈话时, 应该注意什么细节?

02 谈谈您求职的经历以及现今社会求职情况。

08 | 最后填空

아래의 빈 칸에 알맞은 단어를 넣어 문장을 완성하고 해석해 보세요.

| ⓐ 询问 | ⓑ 申请 | ⓒ 分配 | ⓓ 打听 | ⓔ 岗位 |

01 大学毕业后他便走向了工作_____。

02 请你去_____一下这件事的真实性。

03 为了买房子, 我已经_____银行贷款了。

04 他向医生_____妈妈的病情。

05 他被_____到了人事部工作。

请您说一下今天课程中印象最深的是什么。

제9과 这我们也有责任。
이는 저희에게도 책임이 있습니다.

학습목표
01 직원들의 질적인 사내 생활을 위한 개선 방안을 생각해 볼 수 있습니다.
02 사내 직원들과 자연스럽게 소통함으로써 업무의 효율성을 더 높일 수 있습니다.

주요패턴
01 "不到……"
02 "随地……"
03 "经常……"
04 "交给……"

01 | 情景对话

다음 사진을 보면서 아래의 단어들을 활용하여 주어진 상황에 대해 중국어로 말해 보세요.

상황 ▶ 점심 식사 후, 동료와 회사 생활에 대해 이야기를 나누고 있습니다.

단어 » | 关心 | 责任 | 不少事 | 领导 | 提意见

02 | 필수! BIZ 성어

아래의 성어를 읽고 해당 성어가 들어간 예문을 써 보세요.

01 排忧解难　　pái yōu jiě nàn　　남의 근심을 사라지게 하고 어려움을 해결해 주다

➤

02 冰解云散　　bīng jiě yún sàn　　대립되고 있던 모순이 화해되다

➤

03 解铃系铃　　jiě líng xì líng　　문제를 일으킨 사람이 그 문제를 해결해야 한다

➤

怎样化解矛盾?

❶ 主动联系，　这是一个带有根本性,方向性的问题,
　 拉进距离　　也是要汇报的主题思想。

❷ 控制自己，　最好的办法，就是保持冷静，控制自己的情绪，
　 掌握尺度　　让自己能在事实面前，依据事实讲话。

❸ 反观自己，　这样常常反思自己，
　 承担责任　　会让矛盾简化，从而解决矛盾。

❹ 关注对方，　最好的办法，就是在矛盾处理上，先把自己的态度放下，
　 忽略自我　　然后多关注对方，从而解决矛盾。

| 第 9 과 | 这我们也有责任。

03 | 필수! BIZ 대화   업무 외 기타 문제에 대해 이야기 할 때!

상대방과 역할을 나누어 아래의 본문을 읽고 밑줄 친 곳에 새로운 표현을 넣어 문장을 연습해 보세요.

张部长找小金询问企业生活如何。

张部长 小金, 你刚刚进来不到三个月, ①<u>觉得</u>我们公司怎么样?

小　金 公司很多领导都很关心我们, 谢谢你们。可是有一些事情我们还是②<u>理解不了</u>。

张部长 你能具体地讲吗?

小　金 公司里一些人随处抽烟, 随地乱扔烟头。

张部长 是吗? 还有这样的事情?

小　金 您不知道, 我对烟味特别③<u>敏感</u>。

张部长 这我们也有责任。现在公司也经常强调戒烟, 可是效果不太好。

小　金 我们也不敢给他们④<u>提意见</u>。

张部长 那当然, 你们是新入社的。这事交给我, 我给你们解决。

小　金 那就麻烦您了, 不过劝他们戒烟好像不太容易。

张部长 专门给他们⑤<u>设立</u>个吸烟室, 让他们就在吸烟室抽烟。

小　金 这个办法好, 这样我们就不用再遭罪了。谢谢张部长!

새로운 표현 Tip!

① 说说 shuōshuō
한 번 말하다

讲讲 jiǎngjiǎng
한 번 설명하다

② 想不明白 xiǎng bù míng bai
이해가 되지 않다

想不开 xiǎngbukāi
동 (생각이) 막혀 있다, 답답하다

③ 过敏 guòmǐn
형 과민하다, 예민하다

灵敏 língmǐn
형 영민하다, 예민하다, 민감하다

④ 讲道理 jiǎng dàolǐ
이치를 따지다

提出批评 tíchū pīpíng
비평하다

⑤ 准备 zhǔnbèi
동 준비하다

设置 shèzhì
동 설치하다

본문 내용을 읽고 다음 질문에 대해 중국어로 대답해 보세요.

| 1 | 小金最感到不满的是什么现象?
| 2 | 随地抽烟问题的根源是什么?

04 | 필수! BIZ 단어

업무 외 기타 문제에 대해 이야기할 때 자주 사용하는 단어입니다. 아래의 단어를 따라 읽고 단어 앞의 박스에 체크 표시를 한 후 문장을 만들어 보세요.

☑☐ 01	抽烟	chōuyān	동 담배를 피다
☐☐ 02	乱扔	luànrēng	동 아무 곳에나 버리다
☐☐ 03	烟头	yāntóu	명 담배 꽁초
☐☐ 04	烟味	yānwèi	명 담배 냄새
☐☐ 05	敏感	mǐngǎn	형 민감하다, 예민하다, 알레르기 반응을 일으키다
☐☐ 06	责任	zérèn	명 책임
☐☐ 07	强调	qiángdiào	동 강조하다
☐☐ 08	戒烟	jièyān	동 금연하다
☐☐ 09	不敢	bùgǎn	동 감히 ~하지 못하다
☐☐ 10	劝	quàn	동 권하다, 충고하다, 설득하다
☐☐ 11	设立	shèlì	동 (기구, 조직) 설립하다, 건립하다
☐☐ 12	吸烟室	xīyānshì	명 흡연실
☐☐ 13	办法	bànfǎ	명 방법, 수단, 방식, 조치
☐☐ 14	遭罪	zāozuì	동 고생하다, 애를 먹다, 혼나다, 고통을 받다

05 | 필수! BIZ 패턴

아래의 표현을 읽고 패턴을 활용하여 새로운 문장을 만들어 보세요.

01 不到…… ~도 되지 않다

你刚刚进来**不到**三个月, 觉得我们公司怎么样?
· 이제 막 입사한 지 3개월도 되지 않았는데 우리 회사는 어때요?

我下班**不到**半个小时, 就接到了社长打来的电话。
· 퇴근한지 30분도 되지 않았는데, 사장님에게서 걸려온 전화를 받았습니다.

02 随地…… 아무 곳에서나(어디서나) ~하다

公司里不少人**随地**抽烟, **随地**乱扔烟头。
· 회사 내의 적지 않은 사람들이 아무 곳에서나 흡연하고, 담배꽁초를 버리고 있습니다.

在办公室里, 这些东西不能**随地**乱放。
· 사무실 안에서 이러한 물건들은 아무 곳에서나 둘 수 없습니다.

03 经常…… 항상, 자주 ~하다

现在我们公司也**经常**强调戒烟, 可是效果不太好。
· 현재 저희 회사 또한 금연을 자주 강조하지만, 효과는 별로 크지 않습니다.

公司的服务中心, **经常**处理客户的意见。
· 회사 내 고객센터는 항상 고객들의 의견을 처리합니다.

04 交给…… ~에게 전달하다

这事**交给**我, 我给你们解决。
· 이 일을 저에게 전달 주세요, 제가 해결해 드리겠습니다.

请你把这次事故处理任务, **交给**我办理吧。
· 이번 사고 처리 건은 저에게 전달 주시면 제가 마무리 하겠습니다.

06 | 필수! BIZ 롤플레이

상대방과 역할을 나누어 아래의 두 가지 상황에 맞는 대화를 중국어로 표현해 보세요.

 张部长和崔科长因工作原因, 两人经常闹矛盾。
您作为社长怎么解决这一问题?

 尹科长和合作公司的王部长关系不太好, 影响两个公司的正常业务关系。
您作为韩方负责人, 怎么解决这一问题?

07 | 필수! BIZ 톡톡

아래의 질문을 보고 자신의 경험에 대해 말해 보세요.

01 工作中有矛盾的时候, 您是躲避还是积极处理? 为什么?

02 职员之间最大的矛盾是什么? 您想没想找出理想的处理方法?

08 | 最后填空

아래의 빈 칸에 알맞은 단어를 넣어 문장을 완성하고 해석해 보세요.

| ⓐ 刚刚 | ⓑ 强调 | ⓒ 设立 | ⓓ 劝 | ⓔ 遭罪 |

01 公司专门为女性_____了休息室。

02 父母工作忙, 孩子也跟着_____。

03 从北京来的飞机, _____降落。

04 你越_____他, 他哭得越伤心。

05 公司经常_____同事之间要团结协作。

请您说一下今天课程中印象最深的是什么。

4
소통

제10과 最近的经营情况怎么样?
최근의 경영 상황은 어떻습니까?

제11과 出了什么事故?
무슨 사고가 생긴 겁니까?

제12과 企业要有环保意识。
기업은 환경 보호 의식을 갖추고 있어야 합니다.

备 / 忘 / 录

제10과 最近的经营情况怎么样?
최근의 경영 상황은 어떻습니까?

 **학습목표**
01 현지 직원들로부터 회사 내부의 경영 상황 및 문제점에 대한 의견을 경청할 수 있습니다.
02 회사에 문제가 생겼을 때 직원들과 서로 의견을 공유하여 해결 방법을 찾을 수 있습니다.

 **주요패턴**
01 "……不太理想"
02 "我看……"
03 "顺便……"
04 "동사 +出"

01 | 情景对话

다음 사진을 보면서 아래의 단어들을 활용하여 주어진 상황에 대해 중국어로 말해 보세요.

상황 ▶ 회사가 직면한 문제에 대해 사장님과 담당 직원이 서로 해결 방안을 찾고 있습니다

단어 ≫ 改变 | 滞销现象 | 市场分布 | 经营情况 | 思路

02 | 필수! BIZ 성어

아래의 성어를 읽고 해당 성어가 들어간 예문을 써 보세요.

01 临危不惧 lín wēi bú jù   위험에 직면해도 조금도 두려워하지 않다
➡

02 居安思危 jū ān sī wēi   언제든지 위험에 대처할 수 있도록 준비하다
➡

03 未雨绸缪 wèi yǔ chóu móu   사전에 미리 준비하다
➡

BizTip! 及时处理危机?

❶ 积极性原则　遇到危机的出现，就要有积极负责的态度，寻求最佳的解决方案。
❷ 主动性原则　组织内部的人员就要挺身而出，勇于承担责任，寻找解决问题的契机。
❸ 及时性原则　危机公关的目的在于尽最大可能地控制事态的恶化和蔓延。
❹ 冷静性原则　要沉着，冷静，富于理性精神。不能急躁，随意，信口开论。
❺ 真实性原则　本着实事求是的态度，公布事实真相。
❻ 责任性原则　要勇于承担责任，做到不推卸，不埋怨，不寻找客观理由。
❼ 善后性原则　做好危机事件后的善后工作。
❽ 灵活性原则　进行有针对性，灵活性的处理。根据实际情况，灵活处理很重要，也很关键。

03 | 필수! BIZ 대화 　사내 위기 상황에 대해 회의할 때!

상대방과 역할을 나누어 아래의 본문을 읽고 밑줄 친 곳에 새로운 표현을 넣어 문장을 연습해 보세요.

> 李社长叫尹部长来，商谈怎么处理当前危机。

李社长　最近的经营情况怎么样？
尹部长　这两个月市场①波动比较大，公司经营情况不太理想。
李社长　主要原因是什么？
尹部长　现在国内外市场都不怎么②景气，产品滞销现象比较严重。加上人工费越来越高，成本不断提高。
李社长　哪个市场波动最大？
尹部长　最明显的就是欧洲市场。
李社长　那你有什么具体的③解决方案？
尹部长　我认为应该尽快调整市场分布。
李社长　你说得很对，我们应该改变战略。
尹部长　我看现在非洲市场比较活跃，我们是不是要④考虑一下非洲市场？
李社长　这样吧，你准备去一趟南非，进行实地考察。看看那里的情况怎么样。
尹部长　知道了。我跟崔科长一起去做怎么样？
李社长　可以，我建议你们去参加下周二召开的全非新产品展销会，顺便了解一下⑤周边的市场情况。
尹部长　放心吧，我们一定会寻找出一条新的出路。

새로운 표현 Tip!

① 变化 biànhuà
　명 변화

　震动 zhèndòng
　명 진동

② 理想 lǐxiǎng
　형 이상적인

　好 hǎo
　형 좋은

③ 处理 chǔlǐ
　동 처리하다

　调整 tiáozhěng
　동 조정하다

④ 琢磨 zhuómó
　동 깊이 생각하다, 궁리하다

　研究 yánjiū
　동 연구하다

⑤ 附近 fùjìn
　명 근처

　周围 zhōuwéi
　명 주변

본문 내용을 읽고 다음 질문에 대해 중국어로 대답해 보세요.

| 1 | 有朋友或者同事要搬家去国外的时候，您会跟他们说什么？
| 2 | 王先生可能什么时候访问韩国？

04 | 필수! BIZ 단어

사내 위기 상황에 대해 회의할 때 자주 사용하는 단어입니다. 아래의 단어를 따라 읽고 단어 앞의 박스에 체크 표시를 한 후 문장을 만들어 보세요.

☑ ☐ 01	处理	chǔlǐ	동 처리하다, 문제를 해결하다
☐ ☐ 02	当前	dāngqián	명 현재, 당면, 오늘
☐ ☐ 03	危机	wēijī	명 위기, 잠복된 위험 또는 재난
☐ ☐ 04	经营情况	jīngyíngqíngkuàng	명 경영 상황
☐ ☐ 05	滞销现象	zhìxiāo xiànxiàng	명 부진 현상
☐ ☐ 06	严重	yánzhòng	형 (정세, 추세, 정황) 심각하다
☐ ☐ 07	人工费	réngōngfèi	명 인건비
☐ ☐ 08	成本	chéngběn	명 원가, 자본금
☐ ☐ 09	不断	búduàn	부 계속해서, 끊임없이
☐ ☐ 10	果断	guǒduàn	형 과단성(결단력)이 있다
☐ ☐ 11	调整	tiáozhěng	동 조정하다, 조절하다
☐ ☐ 12	市场分布	shìchǎng fēnbù	명 시장 분포
☐ ☐ 13	改变	gǎibiàn	동 변하다, 바꾸다, 고치다, 달라지다
☐ ☐ 14	战略	zhànlüè	명 전략
☐ ☐ 15	活跃	huóyuè	형 활동적이다, 활기 있다, 활성화하다
☐ ☐ 16	进行	jìnxíng	동 진행하다, 앞으로 나아가다
☐ ☐ 17	实地考察	shídì kǎochá	명 실제 조사
☐ ☐ 18	展销会	zhǎnxiāohuì	명 전시 판매장
☐ ☐ 19	寻找	xúnzhǎo	동 찾다, 구하다
☐ ☐ 20	出路	chūlù	명 출구, (상품의) 판로

05 | 필수! BIZ 패턴

아래의 표현을 읽고 패턴을 활용하여 새로운 문장을 만들어 보세요.

01 ……不太理想　~이 이상적이지 않다

这两个月市场波动比较大，公司经营情况**不太理想**。
· 이번 두 달 동안 시장 파동이 비교적 큰 편이어서 사내 경영상황은 **그리 밝지 않습니다**.

今年进来的职员状况**不太理想**。
· 올해 입사한 직원들의 상황은 **그리 좋지 않습니다**.

02 我看……　제가 보기에 ~

我看现在非洲市场比较活跃，我们是不是要考虑一下非洲市场？
· **제가 보기에** 현재 아프리카 시장은 비교적 활발한 편인데, 그 쪽 시장을 고려해봐야 하지 않을까요?

我看这个月的生产任务很难完成。
· **제가 보기에** 이번 달의 생산 목표는 달성하기 힘들 것 같습니다.

03 顺便……　~하는 김에

我建议你们去参加下周二召开的全非新产品展销会，**顺便**了解一下周边的市场情况。
· 저는 여러분이 주변의 시장 상황도 **알아보는 김에** 다음주 화요일에 열릴 아프리카 신제품 전시 판매장에 참석할 것을 제안합니다.

你去办公室的时候，**顺便**把传真给我带回来。
· 사무실에 **가는 김에** 저에게 제 팩스 좀 가지고 돌아와 주세요.

04 동사 + 出……　(동사 뒤에서 방향보어 역할)

我们一定寻找**出**一条新的出路。
· 저희는 새로운 판로를 반드시 찾아**낼 수** 있을 것입니다.

你一定要在下班之前，写**出**调查报告。
· 퇴근하기 직전에 조사 보고서를 **써 내야** 합니다.

06 | 필수! BIZ 롤플레이

상대방과 역할을 나누어 아래의 두 가지 상황에 맞는 대화를 중국어로 표현해 보세요.

 公司最近资金问题相当严重。您和财务科长商量一下怎么解决。

 最近公司的产品质量连续出现不合格问题，您跟质检科长分析问题的根本原因是什么。

07 | 필수! BIZ 톡톡

아래의 질문을 보고 자신의 경험에 대해 말해 보세요.

01 公司经营出现问题的时候，您一般跟谁商量？为什么？
02 你们公司有没有处理经营危机的方案和步骤？

08 | 最后填空

아래의 빈 칸에 알맞은 단어를 넣어 문장을 완성하고 해석해 보세요.

| ⓐ波动 | ⓑ严重 | ⓒ调整 | ⓓ活跃 | ⓔ顺便 |

01 你下班的时候，＿＿＿＿＿＿买两瓶啤酒来。

02 最近他的情绪＿＿＿＿＿＿很大。

03 你把这个价格再＿＿＿＿＿＿一下。

04 他的病情越来越＿＿＿＿＿＿。

05 他的性格很开朗，在公司的表现一直都非常＿＿＿＿＿＿了。

请您说一下今天课程中印象最深的是什么。

제11과 出了什么事故?
무슨 사고가 생긴 겁니까?

학습목표
① 회사 내부에서 발생한 사건이나 긴급 사고에 대해 대처할 수 있도록 지시할 수 있습니다.
② 사내 긴급 상황 발생 시, 문제를 정확하고 빠르게 해결하는 요령을 배울 수 있습니다.

주요패턴
① "急急忙忙……" ③ "遇到……"
② "刚……"   ④ "在……的时间里"

01 | 情景对话

다음 사진을 보면서 아래의 단어들을 활용하여 주어진 상황에 대해 중국어로 말해 보세요.

상황 ▶ 사내 근무 형태에 대해 서로 의견을 나누고 있습니다.

단어 ≫ 动向 | 实行 | 好转 | 出勤统计表 | 弹性工作制

02 | 필수! BIZ 성어

아래의 성어를 읽고 해당 성어가 들어간 예문을 써 보세요.

01 神通广大　　shén tōng guǎng dà　　능력이 뛰어나다

→

02 互通有无　　hù tōng yǒu wú　　있는 것과 없는 것을 서로 융통하다

→

03 无所不谈　　wú suǒ bù tán　　말 못할 부분이 없다

→

BizTip!
良好沟通的 要求 和谐气氛

❶ 诚信是沟通之本
真诚是沟通中交流的"法宝"。

❷ 专注神情
交谈期间, 双方应相互正视, 相互倾听, 神情专注。
不要左顾右盼, 更不要有一些不必要的小动作。

❸ 精炼准确
在职场交流的各种场合中, 表达要精炼准确, 切忌啰嗦,
"车轮话"转来转去。

❹ 敢于问答, 善于倾听
日常沟通和合作过程中, 要敢于问, 勤于问, 多问, 细问,
只有多问才可多听, 只有多听还可以多了解。

❺ 注重礼节
交谈的双方各自代表一个人的身份, 修养和所受的教育程度,
要举止文明, 尽可能地克服一些不良习惯。

03 | 필수! BIZ 대화   사내 긴급 상황에 대해 조언할 때!

상대방과 역할을 나누어 아래의 본문을 읽고 밑줄 친 곳에 새로운 표현을 넣어 문장을 연습해 보세요.

李社长在门口遇见张科长。

李社长   你急急忙忙地要去哪儿?
张科长   我去向崔部长报告①事故情况。
李社长   出了什么事故?
张科长   自动生产线的动力电源停电了, 生产线全都停了。
李社长   那你为什么不直接向我②报告?
张科长   因为按照公司的规定有事要层层报告。
李社长   好, 你快去找崔部长。然后, 抓紧时间处理事故。

(李社长给崔部长打电话。)

李社长   崔部长, 张科长把事故情况告诉你了吧?
崔部长   是的, 我刚接到消息, 正在③商量处理方案呢。
李社长   好, 抓紧时间处理, 尽快恢复生产。另外, 我们得④改进公司的管理制度。
李社长   今后遇到紧急情况, ⑤不用层层上报。在最短的时间里, 向各个主管部门同事汇报。
崔部长   您说得很对, 这样就可以大大缩短应对时间。
李社长   好, 明天我们开会好好儿讨论一下。

새로운 표현 Tip!

① 出事情况 chūshìqíngkuàng
   명 사고 상황

　 出事状况 chūshìzhuàngkuàng
   명 사고 상황

② 汇报 huìbào
   동 종합하여 보고하다

　 请示 qǐngshì
   동 지시를 바라다

③ 讨论 tǎolùn
   동 토론하다

　 准备 zhǔnbèi
   동 준비하다

④ 改变 gǎibiàn
   동 변하다, 바꾸다

　 改革 gǎigé
   동 개혁하다

⑤ 没必要 méibìyào
   그럴 필요 없다

　 用不着 yòngbuzháo
   필요하지 않다

본문 내용을 읽고 다음 질문에 대해 중국어로 대답해 보세요.

| 1 | 你们公司内要改进的管理制度是什么?
| 2 | 请您解释一下层层报告的概念。

04 | 필수! BIZ 단어

사내 긴급 상황에 대해 조언할 때 자주 사용하는 단어입니다. 아래의 단어를 따라 읽고 단어 앞의 박스에 체크 표시를 한 후 문장을 만들어 보세요.

☑ ☐	01	自动生产线	zìdòngshēngchǎnxiàn	명 트랜스퍼 머신
☐ ☐	02	动力电源	dònglìdiànyuán	명 동력 전원
☐ ☐	03	停电	tíngdiàn	동 정전되다
☐ ☐	04	直接	zhíjiē	형 직접적인
☐ ☐	05	层层	céngcéng	부 층층이, 겹겹이
☐ ☐	06	抓紧时间	zhuājǐn shíjiān	급히 서두르다
☐ ☐	07	接到	jiēdào	동 받다
☐ ☐	08	方案	fāng'àn	명 방안
☐ ☐	09	管理制度	guǎnlǐ zhìdù	명 관리제도
☐ ☐	10	恢复	huīfù	동 회복하다
☐ ☐	11	紧急情况	jǐnjíqíngkuàng	비상사태
☐ ☐	12	主管部门	Zhǔguǎnbùmén	명 주무부처, 주관부서, 주무기관
☐ ☐	13	大大缩短	dàdà suōduǎn	크게 줄이다
☐ ☐	14	应对	yìngduì	동 대응하다, 대처하다

05 | 필수! BIZ 패턴

아래의 표현을 읽고 패턴을 활용하여 새로운 문장을 만들어 보세요.

01 急急忙忙…… 급하게 (급히) ~하다

你**急急忙忙**地要去哪儿？
李秘书**急急忙忙**地走出办公室，不知道有什么事。

· **급하게** 어디를 가십니까？
· 이 비서는 **급히** 사무실에서 걸어 나왔는데 무슨 일이 있는지 모르겠습니다.

02 刚…… 방금 (이제 막) ~하다

我**刚**接到他的报告，正在商量处理方案呢。
社长的车，**刚**从公司出发。

· 저는 **방금** 그의 보고를 받았는데 마침 처리 방안을 논의 중입니다.
· 사장님 차량이 **방금** 회사에서 출발했습니다.

03 遇到…… ~을 마주치다, 만나다, 부딪히다

今后**遇到**紧急情况，不用层层上报。
最近公司**遇到**了资金短缺问题。

· 앞으로 긴급 상황에 **부딪히면**, 일일이 상사에게 보고할 필요 없습니다.
· 최근 회사는 자금 부족 문제에 **부딪혔습니다**.

04 在……的时间里 ~의 시간 속에서

在最短**的时间里**，向各个主管部门同事汇报。
怎样才能**在**最短**的时间里**，养成良好的习惯？

· 가장 짧은 **시간 속에서** 각 부서를 주관하는 동료들에게 종합하여 보고하세요.
· 어떻게 해야 **가장 짧은 시간 내에** 좋은 습관을 만들 수 있을까요？

06 | 필수! BIZ 롤플레이

상대방과 역할을 나누어 아래의 두 가지 상황에 맞는 대화를 중국어로 표현해 보세요.

 最近现场的工作环境不太好，职员的反应很大。请您马上向社长汇报这一情况，并力求及时得到改进。

 如果在公司内发生紧急事故，首先我们要做什么？请您说一下。

07 | 필수! BIZ 톡톡

아래의 질문을 보고 자신의 경험에 대해 말해 보세요.

- 01 你们公司有没有处理突发事件的对策?
- 02 处理紧急情况的最佳方案是什么?

08 | 最后填空

아래의 빈 칸에 알맞은 단어를 넣어 문장을 완성하고 해석해 보세요.

| ⓐ 层层 | ⓑ 抓紧时间 | ⓒ 恢复 | ⓓ 紧急情况 | ⓔ 应对 |

- 01 希望你尽快_____健康。
- 02 参加面试的人在考场找到了_____的座位。
- 03 快要下雨了,咱们_____把货拿进来。
- 04 通过_____选拔,她获得了这份工作。
- 05 遇到_____,灯就会发出红色信号。

请您说一下今天课程中印象最深的是什么。

제 12 과 企业要有环保意识。

기업은 환경 보호 의식을 갖추고 있어야 합니다.

학습목표
01. 회사를 운영하는 과정에서 경영 윤리에 대한 의견을 서로 나눌 수 있습니다.
02. 한중 양국의 우호적인 협력을 위한 경영 윤리가 무엇인지 생각해 볼 수 있습니다.

주요패턴
01. "不仅 A 而且 B"
02. "尽管……"
03. "……掉"
04. "有半点儿……"

01 | 情景对话

다음 사진을 보면서 아래의 단어들을 활용하여 주어진 상황에 대해 중국어로 말해 보세요.

상황 ▶ 회사의 내부 업무와 관련하여 경영 윤리에 대한 생각을 논의하고 있습니다.

단어 » 信任 | 现场检查结果 | 经营道德 | 记录 | 差错

02 | 필수! BIZ 성어

아래의 성어를 읽고 해당 성어가 들어간 예문을 써 보세요.

| 01 | 德才兼备 | dé cái jiān bèi | 덕과 재능을 겸비하다 |

➥

| 02 | 唯利是求 | wéi lì shì qiú | 오직 이익만 추구하다 |

➥

| 03 | 光明正大 | guāng míng zhèng dà | 공명정대하다, 정정당당하다 |

➥

BizTip!
企业怎样遵守经营道德?

❶ 加强对企业员工经营道德观念的教育与培训。
企业高级管理人员能以身作则对于企业提高伦理道德水准也极为重要。

❷ 制定并执行企业伦理守则，树立规范的经营道德观念，自觉提升企业经营道德标准水平。对企业而言，制定伦理守则并执行，因为它在相当大的程度上决定着企业生存的基本意义。

❸ 在组织结构方面进行改革，设置伦理道德机构并配备人员。
这种做法是把经营道德构建工作提升到企业发展工作的高度重视的地位。

❹ 加强对企业经营道德的监督工作。
通过加强企业员工道德教育与培训，制定企业经营道德伦理守则及道德管理制度，设立相关的道德责任人与道德委员会等，为企业经营道德建设工作提供了保障。

03 | 필수! BIZ 대화 — 경영 윤리에 대해 대화할 때!

상대방과 역할을 나누어 아래의 본문을 읽고 밑줄 친 곳에 새로운 표현을 넣어 문장을 연습해 보세요.

朴科长到李社长的办公室,来见李社长。

朴科长　昨天, 市环保局来检查我们公司的环保工作了。
李社长　我知道, 现场检查结果怎么样?
朴科长　没什么大问题。只是在一些记录上有些①差错。
李社长　企业不仅要重视利润, 而且还要有坚定的环保意识。
朴科长　他们对我们的污水处理工作非常满意。
李社长　平时我最②担心的就是污水处理和排放问题。
朴科长　其实, 污水处理工作工序复杂, 投入也很大。
李社长　尽管这样, 我们还是要遵守企业经营③道德。企业丢掉道德, 就会失去社会的信任。
朴科长　您说得很对。这关系到全市市民的安全问题。环境受到影响, 旅游业也会受到影响。
李社长　所以, 我希望你一定要④盯住这项工作。不能有半点儿松懈。
朴科长　不过, 最近我们的人手有点儿紧张。
李社长　下星期我再派一个⑤助手, 去协助你的工作。只有做好环保工作, 企业才能得到社会的认可。

새로운 표현 Tip!

① 问题 wèntí
　명 문제, 숙제

　纰漏 pīlòu
　명 실수, 잘못, 오류

② 不放心 bùfàngxīn
　마음이 놓이지 않다

　操心 cāoxīn
　동 마음(신경)쓰다, 걱정하다

③ 伦理 lúnlǐ
　명 윤리

　品德 pǐndé
　명 인품과 덕성

④ 看住 kànzhù
　감시하다, 지키다

　抓好 zhuāhǎo
　잘 잡다

⑤ 副手 fùshǒu
　명 조수, 보좌인

　帮手 bāngshǒu
　명 일을 돕는 사람, 조수

Q 본문 내용을 읽고 다음 질문에 대해 중국어로 대답해 보세요.

|1| 李社长最担心的事情是什么?
|2| 社长为什么派一个助手给朴科长?

04 | 필수! BIZ 단어

경영윤리에 대해 의견을 나눌 때 자주 사용하는 단어입니다. 아래의 단어를 따라 읽고 단어 앞의 박스에 체크 표시를 한 후 문장을 만들어 보세요.

☑ □	01	谈	tán	동 말하다, 이야기하다
□ □	02	经营道德	jīngyíngdàodé	명 경영도덕
□ □	03	现场检查结果	xiànchǎng jiǎnchá jiéguǒ	명 현장검사결과
□ □	04	记录	jìlù	명 기록
□ □	05	坚定	jiāndìng	형 확고히 하다, 굳히다
□ □	06	污水处理	wūshuǐchǔlǐ	동 오수(하수)를 처리하다
□ □	07	满意	mǎnyì	형 만족하다, 만족스럽다
□ □	08	排放	páifàng	동 (폐수, 폐기물)배출하다, 방류하다
□ □	09	工艺	gōngyì	명 공예, 가공하는 작업
□ □	10	工序	gōngxù	명 제조 공정, 생산 공정
□ □	11	投入	tóurù	동 돌입하다, 투자하다, 몰두하다
□ □	12	遵守	zūnshǒu	동 (규정 등을) 준수하다
□ □	13	经营	jīngyíng	동 운영하다, 경영하다
□ □	14	失去	shīqù	동 잃어버리다, 잃다
□ □	15	信任	xìnrèn	동 신임하다, 신뢰하다
□ □	16	受到影响	shòudào yǐngxiǎng	영향을 받다
□ □	17	打击	dǎjī	동 타격을 주다, 공격하다
□ □	18	松懈	sōngxiè	형 산만하다, 긴장이 풀리다
□ □	19	协助	xiézhù	동 협조하다

05 | 필수! BIZ 패턴

아래의 표현을 읽고 패턴을 활용하여 새로운 문장을 만들어 보세요.

01 不仅 A, 而且 B　　A뿐만 아니라 B도

企业**不仅**要重视利润，**而且**还要有坚定的环保意识。
- 기업은 이윤도 중시해야 **할 뿐만 아니라** 뚜렷한 환경보호 의식**도** 갖추고 있어야 합니다.

我们**不仅**是生意上的伙伴，**而且**也是患难之交。
- 우리는 사업적인 파트너일 **뿐만 아니라** 어려움을 같이 한 친구이기**도** 합니다.

02 尽管……　　비록 ~라고 해도

尽管这样，我们还是要遵守企业经营道德。
- **비록** 이렇다고 **해도**, 저희는 기업의 경영윤리를 고수해야 합니다.

我**尽管**做了比较详细的解释，但是客户还是无法理解。
- **비록** 자세하게 해설한 편이었다고 **해도**, 고객은 여전히 이해를 못하고 있습니다.

03 ……掉　　~해 버리다

企业丢**掉**道德，就会失去社会的信任。
- 기업은 윤리를 잃어**버리면** 사회적 신임을 잃게 되는 것입니다.

质量问题上，我们应该丢**掉**不应有的心理。
- 질적 문제의 면에서 바라보았을 때, 우리는 가지면 안 되는 마음을 **버려야만** 합니다.

04 有半点儿……　　지극히 적은, 아주 조금의 ~

不能**有半点儿**松懈。
- **잠시도** 긴장감을 늦출 수 없습니다.

对待工作不能**有半点儿**得虚假。
- 업무를 대할 때 **조금도** 거짓이 있으면 안 됩니다.

06 | 필수! BIZ 롤플레이

상대방과 역할을 나누어 아래의 두 가지 상황에 맞는 대화를 중국어로 표현해 보세요.

 请您跟同事谈谈你们公司生产的产品安全问题和产品利润问题，说说哪个更重要。

 合作公司的排烟问题很严重，已经影响到周边地区的空气质量。请您跟合作公司的社长汇报这一情况，并强调企业的经营道德问题。

07 | 필수! BIZ 톡톡

아래의 질문을 보고 자신의 경험에 대해 말해 보세요.

- 01 企业的经营道德问题, 一般都有什么?
- 02 有人说只要能挣钱, 道德问题可以不考虑。您的看法如何?

08 | 最后填空

아래의 빈 칸에 알맞은 단어를 넣어 문장을 완성하고 해석해 보세요.

| ⓐ 检查 | ⓑ 担心 | ⓒ 差错 | ⓓ 道德 | ⓔ 助手 |

01 有我在, 你还_____什么?

02 良好的职业_____, 是每个员工必须具备的品质。

03 他是你的_____吗?

04 你们什么时候来_____?

05 好好儿准备, 不能出半点儿_____。

请您说一下今天课程中印象最深的是什么。

八先生 중국어
비즈니스 프렉티스 심화

단어 부록
찾아보기

A

按时	ànshí	부 제때에, 시간에 맞추어
安置	ānzhì	동 (사람이나 사물) 적절한 위치를 찾아 주다, 잘 놓아두다
安装	ānzhuāng	동 설치하다, 고정하다, 장착하다

B

把……	bǎ……	개 ~으로, ~을 가지고
把关	bǎguān	동 관문을 지키다
把握	bǎwò	동 추상적인 사물을 파악하다, 포착하다
摆放	bǎifàng	동 진열하다, 배열하다, 나열하다
拜托	bàituō	동 삼가 부탁드립니다
办法	bànfǎ	명 방법, 수단, 방식, 조치
办理	bànlǐ	동 처리하다, 취급하다, 수속을 밟다
帮手	bāngshǒu	명 일을 돕는 사람, 조수
保持	bǎochí	동 지속적으로 유지하다
报告	bàogào	동 보고하다, 발표하다
宝贵	bǎoguì	형 진귀한, 소중한, 중시하다, 소중히 여기다
包含	bāohán	동 포함하다
包括	bāokuò	동 포함하다, 포괄하다
报名	bàomíng	동 신청하다, 등록하다, 지원하다
保障	bǎozhàng	동 보장하다, 보증하다, 확보하다 명 보장, 보증
保证	bǎozhèng	동 확실히 책임지다, 보증하다
包装	bāozhuāng	동 포장하다
被……	bèi……	~이 되다
备料	bèiliào	명 예비용 원료
本领	běnlǐng	명 기량, 능력, 재능

毕竟……	bìjìng……	부 결국, 어디까지나
必须	bìxū	부 반드시 ~해야 한다
逼真	bīzhēn	형 진짜와 같다; 뚜렷하다, 선명하다, 명확하다
变动	biàndòng	동 변경하다, 바꾸다 명 변동, 변경, 변화
变化	biànhuà	명 변화
表示	biǎoshì	동 의미하다, 나타내다 명 표정, 기색, 태도
标识	biāozhì	동 명시하다, 상징하다 명 표지, 지표, 상징
标准	biāozhǔn	형 표준의, 표준적이다 명 표준, 기준
别扭	bièniu	형 어색하다, 부자연스럽다, 어울리지 않다; 의견이 맞지 않다, 상대하기 어렵다
宾馆	bīnguǎn	명 일반 숙박시설
冰解云散	bīng jiě yún sàn	성 대립되고 있던 모순이 화해되다
并且	bìngqiě	접 게다가, 나아가, 그리고, 또한
波动	bōdòng	명 파동
不单是A, 而是B	bùdān shì A érshì B	A 뿐만 아니라 B도
不断	búduàn	부 계속해서, 끊임없이
不放心	bù fàngxīn	동 마음을 놓지 못하다
不负众望	bú fù zhòng wàng	성 아주 짧은 시간
不敢	bùgǎn	동 감히 ~하지 못하다
不仅A, 而且B	bùjǐn A, érqiě B	A뿐만 아니라 B도
补救措施	bǔjiùcuòshī	보완조치
不瞒你说	bùmánnǐ shuō	솔직히 말하면
部门	bùmén	명 부문, 부서
不容易	bùróngyì	쉽지 않다

不辱使命	bù rǔ shǐ mìng	성 일을 꾀하는 것은 사람에게 달려 있다
不顺当	búshùndang	형 순조롭지 않다, 뜻대로 되지 않다
布置	bùzhì	동 진열하다, 배치하다; 계획하다, 할당하다
步骤	bùzhòu	명 일이 진행되는 순서, 절차, 차례

C

猜到	cāidào	동 알아차리다
采取	cǎiqǔ	동 방침, 수단, 정책, 조치, 형식, 태도, 채택하다, 취하다, 강구하다
财务	cáiwù	명 재무, 재정
参加	cānjiā	동 어떤 조직이나 활동 참여하다, 참석하다
参与度	cānyùdù	명 참여도
操心	cāoxīn	동 신경을 쓰다, 걱정하다
操作	cāozuò	동 조작하다, 다루다; 일하다; 노동하다 명 운영
层层	céngcéng	부 층층이, 겹겹이
层级	céngjí	명 계층
差错	chācuò	명 착오, 잘못, 실수
查阅	cháyuè	동 열람하다, 찾아서 읽다
拆箱	chāixiāng	명 잘못, 실수
产品说明书	chǎnpǐn shuōmíngshū	제품 설명서
厂房	chǎngfáng	명 공장 건물, 작업장, 일터
场合	chǎnghé	명 특정한 시간장소, 상황, 경우, 장면
厂长	chǎngzhǎng	명 공장장
超额	chāo'é	동 목표액 이상을 달성하다
超过	chāoguò	명 초과하다, 넘다
潮湿	cháoshī	형 습하다, 축축하다, 눅눅하다
成本	chéngběn	명 원가, 자본금
承担责任	chéngdān zérèn	책임을 지다
程度	chéngdù	명 정도, 수준
成果体现	chéngguǒ tǐxiàn	명 성과 재현
承认	chéngrèn	동 승인하다, 인정하다
承受	chéngshòu	동 받아들이다, 감당하다
诚信	chéngxìn	형 성실하다, 신용을 지키다
程序	chéngxù	명 순서, 절차, 단계
迟到	chídào	동 지각하다
尺度	chǐdù	명 척도
充分	chōngfèn	형 충분하다 부 충분히
充实	chōngshí	동 충족시키다, 강화하다 형 충분하다, 풍부하다, 넘치다
抽烟	chōuyān	동 담배를 피다
出差	chūchāi	동 출장가다
除了A, 还B	chúle A, hái B	A외에 B도
处理	chǔlǐ	동 처리하다, 문제를 해결하다
出路	chūlù	명 출구, 상품의 판로
出勤	chūqín	동 출근하다, 외근하다
出事情况	chūshìqíng kuàng	명 사고 상황
出事状况	chūshì zhuàng kuàng	명 사고 상황
出问题	chūwèntí	문제가 드러나다
出席	chūxí	동 회의에 참가하다 참석하다, 출석하다
出现	chūxiàn	동 출현하다, 나타나다, 생산해 내다
传递记录	chuándì jìlù	전달 기록
从而	cóng'ér	접 따라서, 그렇게 함으로써 결과, 목적

D

大大缩短	dàdà suōduǎn	크게 줄이다
打分	dǎfēn	점수를 매기다
大功告成	dà gōng gào chéng	성 오랜 세월이 흐르다
打击	dǎjī	동 타격을 주다, 공격하다
打开	dǎkāi	동 열다, 넣다, 켜다, 틀다
打破	dǎpò	동 (기존의 제한, 구속, 속박) 타파하다, 깨다
打听	dǎting	동 물어보다, 탐문하다
大意	dàyi	동 부주의하다, 소홀하다
代表	dàibiǎo	동 대표하다, 대신하다, 나타내다 명 대표자
贷款	dàikuǎn	동 은행에서 대출하다 명 대출금
担心	dānxīn	동 염려하다, 걱정하다
当前	dāngqián	명 현재, 당면, 오늘
当时	dāngshí	명 당시, 그 때
当事人	dāngshìrén	명 관계자, 당사자
倒	dào	동 물, 차, 음료 등 따르다
道德	dàodé	명 도덕, 윤리 형 도덕적이다
道理	dàolǐ	명 도리, 이치, 근거, 경우, 방법, 수단
到时候	dàoshíhou	그 때 가서, 그 때 되면
德才兼备	dé cái jiān bèi	성 덕과 재능을 겸비하다
惦记	diànjì	동 신경 쓰다
典礼	diǎnlǐ	명 식, 행사
点评	diǎnpíng	동 논평하다, 비평하다, 평론하다 명 논평문, 비평문
调	diào	동 (위치, 인원)이동하다, 파견하다
……掉	……diào	~해 버리다
调查	diàochá	동 현장에서 조사하다

顶得住	dǐngdezhù	동 감당할 수 있다, 버틸 수 있다
订购	dìnggòu	동 예약하여 주문하여 구입하다, 예매하다, 주문하다
定期	dìngqī	동 기한을 정하다 형 정기의, 정기적인
动力电源	dònglìdiànyuán	명 동력 전원
动向	dòngxiàng	명 동향, 추세
都	dōu	부 모두, 이미, 벌써
督促	dūcù	동 감독하다; 재촉하다, 독촉하다
对策	duìcè	명 대책, 대응책, 대비책
对待	duìdài	동 다루다, 대응하다, 대처하다, 상대하다
对……来说	duì…láishuō	~에 대해 말하면
躲避	duǒbì	동 회피하다; 숨다; 물러서다
短缺	duǎnquē	동 물자가 모자라다, 부족하다, 결핍하다
多快好省	duō kuài hǎo shěng	성 더 많이, 더 빨리, 더 좋게 절약하다
多亏……	duōkuī……	~덕분이다, 다행히

E

恶化	èhuà	동 악화되다, 악화시키다
耳听八方	ěr tīng bā fāng	성 각 분야에 귀를 기울이다

F

发布	fābùhuì	명 발표회

发现	fāxiàn	동 발견하다, 알아차리다
		명 발견
反而	fǎn'ér	부접 반대로, 도리어, 오히려
反感	fǎngǎn	동 반감, 불만을 가지다
		명 반감, 불만
繁忙	fánmáng	형 일이 많고 바쁘다
凡事……	fánshì……	어떤(무슨)일이든, 매사, 만사 ~
反思	fǎnsī	동 지난 일을 돌이켜 사색하다
		명 반성
反映	fǎnyìng	동 (상황이나 의견 등을) 상급 기관 또는 관련 부서에 보고하다, 전달하다
反应	fǎnyìng	명 반응
方案	fāng'àn	명 방안
方便	fāngbiàn	형 편리하다
		명 편의, 수단, 방편, 방법
放松	fàngsōng	동 늦추다, 느슨하게 하다, 이완시키다
访问	fǎngwèn	동 방문하다, 회견하다, 취재하다, 구경하다
放心	fàngxīn	동 마음을 놓다, 안심하다
方向性	fāngxiàngxìng	동 방향성
放在……上	fàngzài……shàng	~에 두다
防止	fángzhǐ	동 방지하다
放置	fàngzhì	동 놓아두다, 방치하다
非……不可	fēi……bùkě	~하지 않으면 안 된다 (~해야 한다)
非常	fēicháng	형 예사롭지 않은, 특수한, 비상한
废话	fèihuà	동 쓸데없는 말 소리를 하다
		명 쓸데없는 말 (소리)
废水	fèishuǐ	명 폐수
奋斗	fèndòu	동 (목적, 달성) 분투하다
分公司	fēngōngsī	명 지점, 지사, 계열 회사
分配	fēnpèi	동 분배하다, 할당하다, 안배하다
分析	fēnxī	동 분석하다
分心	fēnxīn	동 마음을 쓰다, 걱정하다, 한눈정신을 팔다
付出	fùchū	동 돈이나 대가를 지급하다, 지불하다, 들이다
附近	fùjìn	명 근처
福利待遇	fúlìdàiyù	명 복리후생
副手	fùshǒu	명 조수, 보좌인
服务中心	fúwù zhōngxīn	명 서비스 센터
负责制	fùzézhì	명 책임제

G

改变	gǎibiàn	동 변하다, 바꾸다, 고치다, 달라지다
改革	gǎigé	동 개혁하다
		명 개혁
改进	gǎijìn	동 개선하다, 개량하다
改善	gǎishàn	동 개선하다, 개량하다
赶紧	gǎnjǐn	부 서둘러, 재빨리, 얼른, 어서
刚才	gāngcái	명 방금, 이제 금방
刚刚	gānggāng	부 지금 막, 방금
岗位	gǎngwèi	명 직장, 부서, 근무처
搞	gǎo	동 하다, 처리하다, 취급하다, 다루다, 종사하다
高见	gāojiàn	명 고견
根本	gēnběn	명 근본, 근원, 기초
		부 지금까지, 본래, 원래; 시종; 전혀
根本性	gēnběnxìng	명 근본성
根据	gēnjù	~에 의거하여
公布	gōngbù	동 공포(공표)하다
工厂	gōngchǎng	명 공장
工程	gōngchéng	명 프로젝트, 대공사
公关	gōngguān	명 공공관계; 섭외, 홍보

巩固	gǒnggù	동 견고(공고)하게 하다, 튼튼히 다지다 형 견고하다, 공고하다, 튼튼하다
工件	gōngjiàn	명 기계 가공 부속품
功能	gōngnéng	명 기능, 작용, 효용
共同利益	gòngtóng lìyì	명 공동이익
贡献	gòngxiàn	동 바치다, 공헌하다
贡献度	gòngxiàndù	명 기여도
工序	gōngxù	명 제조 공정, 생산 공정
工艺	gōngyì	명 공예, 가공하는 작업
供应方	gōngyìng fāng	명 공급자 측
工资	gōngzī	명 월급, 임금
工作	gōngzuò	명 직업, 일자리, 노동
构建	gòujiàn	동 세우다, 수립하다, 구축하다
购买	gòumǎi	동 사다, 구매(구입)하다
沟通	gōutōng	동 잇다, 연결하다, 교류하다, 소통하다
故障	gùzhàng	명 고장, 결함
贯彻	guànchè	동 방침, 정책, 정신, 방법 관철시키다, 철저하게 실현하다
关键	guānjiàn	형 결정적인 작용을 하는, 매우 중요한 명 관건, 키포인트
管理制度	guǎnlǐ zhìdù	명 관리제도
关联	guānlián	동 관련되다, 관계되다
观念	guānniàn	명 관념, 생각, 사고 방식, 의식, 사상
关系到……	guānxìdào……	~와 관계되어 있다
关心	guānxīn	동 관심을 갖다(기울이다)
冠亚军决赛	guànyàjūn juésài	명 결승전, 챔피언십
股市交易所	gǔshì jiāoyìsuǒ	명 증시 거래소
关照	guānzhào	동 보살피다, 협력하다, 통지하다
关注	guānzhù	동 주시하다, 관심을 가지다, 배려하다 명 관심, 중시
光明正大	guāng míng zhèng dà	성 공명정대하다, 정정당당하다
贵宾	guìbīn	명 귀빈, 귀중한 손님
规定	guīdìng	동 규정하다 명 규정
规划	guīhuà	동 기획하다, 계획하다 명 발전 계획, 기획
过程	guòchéng	명 과정
果断	guǒduàn	형 결단력이 있다
过多	guòduō	형 과다하다
过奖	guòjiǎng	동 과찬이십니다
过敏	guòmǐn	형 과민하다, 예민하다

H

还是	háishi	부 여전히, 아직도, 변함없이, 그래도; 의외로; ~하는 편이 더 좋다
还要	háiyào	~도 해야 한다
好征兆	hǎo zhēng zhào	명 좋은 징조
好转	hǎozhuǎn	동 호전되다, 좋아지다
合理	hélǐ	형 도리에 맞다, 합리적이다
合同期	hétóngqī	명 계약기간
合同书草案	hétongshū cǎo'àn	명 계약서 초안
和谐	héxié	형 잘 어울리다, 조화롭다, 잘 맞다
后续	hòuxù	형 후속의
忽略	hūlüè	동 소홀히 하다, 등한시 하다, 부주의 하다; 무시하다
互通有无	hù tōng yǒu wú	성 있는 것과 없는 것을 서로 융통하다

환보국	huánbǎojú	명 환경보호국
环节	huánjié	명 일환
患难之交	huànnànzhī jiāo	명 고난을 같이 한 친구
汇报	huìbào	동 종합하여 보고하다
恢复	huīfù	동 회복하다
回复	huífù	부 회신하다, 답신하다
会议	huìyì	명 회의
会议室	huìyìshì	명 회의실
获益	huòyì	동 이득을 얻다
活跃	huóyuè	형 활동적이다, 활기 있다, 활성화하다

J

机会	jīhuì	명 기회, 시기
积极	jījí	형 적극적이다, 열성적이다, 의욕적이다, 진취적이다
急急忙忙	jíjímángmáng	형 급하게(급히)~하다
激烈	jīliè	형 치열하다
记录	jìlù	명 기록
纪念	jìniàn	동 기념하다 형 기념하는 명 기념품
及时	jíshí	형 시기 적절하다, 때가 맞다 부 즉시, 곧바로, 신속히
即时	jíshí	부 곧, 즉각, 즉시, 당장, 바로
即使	jíshǐ	접 설령 ~하더라도
技术	jìshù	명 기술, 능력, 기술 장비
计算	jìsuàn	동 계산하다
绩效	jìxiào	명 업적과 성과
给予	jǐyǔ	동 주다, 부여하다

基于	jīyú	개 ~에 근거하다, ~때문에
急躁冒进	jí zào mào jìn	성 일을 성급하게 무턱대고 하다
急增	jízēng	갑자기 증가하다
集中精神	jízhōng jīngshén	정신을 집중하다
加班加点	jiābān jiādiǎn	동 연장근무를 하다
加大力度	jiādà lìdù	힘을 더하다
价格协商	jiàgéxié shāng	명 가격 협상
加工	jiāgōng	동 가공하다
价款	jiàkuǎn	명 대금, 값
加强	jiāqiáng	동 강화하다
检查	jiǎnchá	동 검사 하다
坚持	jiānchí	동 견지하다, 유지하다, 고수하다
坚定	jiāndìng	동 확고히 하다, 굳히다
监督	jiāndū	동 감독하다 명 감독
建立	jiànlì	동 창설하다, 건립하다, 수립하다, 성립하다, 세우다, 맺다
减少	jiǎnshǎo	동 감소하다, 줄이다, 축소하다
见效	jiànxiào	동 효력을 나타내다, 효과를 보다
建议	jiànyì	동 자기의 주장, 의견을 제기하다.
讲道理	jiǎng dàolǐ	이치를 따지다
讲话	jiǎnghuà	동 말하다, 발언하다 명 담화, 연설
讲一讲	jiǎngyījiǎng	~에 대해 한 번 설명하다
交给……	jiāogěi……	~에게 전달하다
交货	jiāohuò	동 물품을 인도하다, 납품하다
交谈	jiāotán	동 이야기를 나누다
接到	jiēdào	동 받다
结构	jiégòu	동 꾸미다, 배치하다 명 구성, 구조물

结果	jiéguǒ	몡 결과, 결론, 성과		降落	jiàngluò	동 내려오다, 착륙하다
接见	jiējiàn	동 손님을 접견하다, 만나다		酒店	jiǔdiàn	몡 고급 호텔
竭尽全力	jiéjìnquánlì	성 모든 힘을 다 기울이다		酒会	jiǔhuì	몡 간단한 연회, 파티
解决方案	jiějuéfāng'àn	몡 해결 방안		就要……了	jiùyào……le	곧 ~하려고 하다
解铃系铃	jiě líng xì líng	성 문제를 일으킨 사람이 그 문제를 해결해야 한다		纠正	jiūzhèng	동 사상, 잘못 교정하다, 고치다, 바로잡다
解释	jiěshì	동 해석하다, 분석하다; 밝히다; 설명하다, 해명하다		居安思危	jū ān sī wēi	성 언제든지 위험에 대처할 수 있도록 준비하다
接受	jiēshòu	동 받아들이다, 수락하다		举办	jǔbàn	동 개최하다, 열다
结算	jiésuàn	동 결산하다		巨额	jù'é	형 액수가 많은, 거액의
戒烟	jièyān	동 금연하다		局面	júmiàn	몡 국면, 형세, 양상
尽管……	jǐnguǎn……	비록 ~라고 해도		具体数据	jùtǐ shùjù	몡 구체적 수치
紧急情况	jǐnjíqíngkuàng	몡 비상사태		局长	júzhǎng	몡 관공서 국장
进口	jìnkǒu	동 수입하다		决策	juécè	동 정책(전략, 방침) 등을 결정하다
金口玉言	jīn kǒu yù yán	성 한 번 말하면 바꿀 수 없는 말				몡 결정된 정책(전략), 방침
尽快	jǐnkuài	부 되도록 빨리		绝对	juéduì	형 절대적인, 무조건적인; 절대의
进来	jìnlái	동 들어오다				부 완전히, 절대로, 반드시
尽量	jǐnliàng	부 가능한 한, 되도록		竣工	jùngōng	동 준공하다(되다)
尽心尽力	jìnxīnjìnlì	성 있는 힘과 성의를 다하다				
进行	jìnxíng	동 진행하다, 앞으로 나아가다				
进屋	jìnwū	방에 들어가다				
经常……	jīngcháng……	항상, 자주 ~하다		K		
经济损失	jīngjìsǔnshī	몡 경제적 손실		开会	kāihuì	동 회의를 열다(하다)
经历	jīnglì	동 체험하다, 경험하다 몡 경험, 경력		开朗	kāilǎng	형 생각이 트이다; 성격이 명랑하다, 활달하다, 쾌활하다, 낙관적이다
景气	jǐngqì	형 경제 상황이 활발하다, 번영하다, 번성하다, 왕성하다 몡 경기		开箱	kāixiāng	동 상자를 열다
				看中	kànzhòng	동 마음에 들다, 좋아하다
				看住	kànzhù	감시하다, 지키다
经营	jīngyíng	동 운영하다, 경영하다		靠	kào	동 기대어 두다, 접근하다
经营道德	jīngyíng dàodé	몡 경영도덕		考虑	kǎolǜ	동 고려하다, 생각하다, 구상하다, 계획하다
经营情况	jīngyíng qíngkuàng	몡 경영 상황		客观评价	kèguānpíngjià	몡 객관적 평가
竞争	jìngzhēng	동 경쟁하다		客户	kèhù	몡 고객

苛刻	kēkè	형 (조건, 요구)너무 지나치다, 가혹하다
肯定	kěndìng	부 확실히, 틀림없이
空虚	kōngxū	형 공허하다, 텅 비다; 불충실하다; 내용이 없다
控制	kòngzhì	동 통제하다, 제어하다, 억제하다, 조절하다
款式	kuǎnshì	명 스타일, 양식, 격식
款项	kuǎnxiàng	명 법령, 규칙, 조약 조항
困难	kùnnan	형 곤란하다, 어렵다; 빈곤하다 명 빈곤, 곤란, 어려움
困扰	kùnrǎo	동 귀찮게 굴다, 괴롭히다, 성가시게 하다

L

拉进距离	lājìn jùlí	거리를 좁히다
来到	láidào	동 도착하다, 오다
浪费	làngfèi	동 낭비하다, 허비하다; 헛되이 쓰다
劳逸结合	láoyìjiéhé	성 노동과 휴식의 적당한 분배
冷静	lěngjìng	형 냉정하다, 침착하다; 조용하다, 고요하다, 쓸쓸하다
理解	lǐjiě	동 알다, 이해하다
理念	lǐniàn	명 신념, 믿음, 관념, 생각, 이념
力求	lìqiú	동 온갖 노력을 다하다, 몹시 애쓰다, 힘써 추구하다(찾다), 모색하다
利润	lìrùn	명 이윤
理想	lǐxiǎng	형 이상적이다, 만족스럽다
理由	lǐyóu	명 이유, 까닭
连续	liánxù	동 연속하다, 계속하다
量化	liànghuà	동 계량화하다

了解	liǎojiě	동 자세하게 알다, 이해하다, 알아보다
了如指掌	liǎo rú zhǐ zhǎng	성 제 손금을 보듯 환하다
列出	lièchū	동 열거하다, 늘어놓다
临危不惧	lín wēi bù jù	성 위험에 직면해도 조금도 두려워하지 않다
领导	lǐngdǎo	동 지도하다, 이끌고 나가다 명 지도자, 리더, 책임자
灵活	línghuó	형 민첩하다, 융통성 있다
灵敏	língmǐn	형 영민하다, 반응이 빠르다, 예민하다, 민감하다
留影	liúyǐng	동 기념 사진을 찍다, 기념 촬영하다
乱扔	luànrēng	동 아무 곳에나 버리다
伦理	lúnlǐ	명 윤리
萝卜	luóbo	명 무우
萝卜快了不洗泥	luóbo kuài le bú xǐní	서두르면 일을 그르칠 수 있다
落到	luòdào	떨어지다
落实	luòshí	동 실현되다(하다); 구체화되다(하다); 확정되다; 현실화 시키다
履行地	lǚxíng dì	실행 지역
履行方式	lǚ xíng fāngshì	실행(이행)방식

M

马上	mǎshàng	부 곧, 즉시, 금방
买入	mǎirù	동 매입하다
蔓延	mànyán	동 사방으로 널리 번지다(퍼지다)
满意	mǎnyì	형 만족하다, 만족스럽다
埋怨	mányuàn	동 탓하다, 불평하다, 원망하다

满足	mǎnzú	형 만족하다
矛盾简化	máodùn jiǎnhuà	갈등을 줄이다
没必要	méibìyào	그럴 필요 없다
敏感	mǐngǎn	형 민감하다, 예민하다, 알레르기 반응을 일으키다
明白	míngbai	동 알다, 이해하다
明察暗访	míng chá àn fǎng	성 여러가지 방법으로 조사하다
明码实价	míng mǎ shí jià	성 고객을 속이지 않고 정찰가로 판매하다
明确	míngquè	동 명확하게(확실하게) 하다 형 명확하다, 확실하다
明显	míngxiǎn	형 뚜렷하다, 분명하다, 확연히 드러나다
命运	mìngyùn	명 운명
谋事在人	móu shì zài rén	성 일을 꾀하는 것은 사람에게 달려있다

N		
耐心	nàixīn	형 참을성이 있다, 인내심이 강하다
难受	nánshòu	형 불편하다, 슬프다
难忘	nánwàng	동 잊기 어렵다, 잊을 수 없다
闹	nào	동 큰 소리로 떠들다, 시끄럽게 다투다; 방해하다; 소란을 피우다 형 떠들썩하다, 시끌벅적하다
内容	nèiróng	명 내용
泥	ní	명 진흙
凝聚	níngjù	동 응집하다, 응집되다, 모으다, 모이다
扭转	niǔzhuǎn	동 교정하다, 바로잡다; 바꾸다

P		
排放	páifàng	동 (폐수, 폐기물) 배출하다, 방류하다
拍个照	pāigezhào	사진을 찍다
排忧解难	pái yōu jiě nàn	성 남의 근심을 사라지게 하고 어려움을 해결해 주다
跑偏	pǎopiān	동 언행이 일정한 규범이나 요구에 벗어나다
配备	pèibèi	동 배치하다, 배분하다, 분배하다, 제공하다, 공급하다, 갖추다, 두다
赔偿	péicháng	동 배상하다, 보상하다
赔偿金	péichángjīn	명 보상금
培训	péixùn	동 양성하다, 육성하다, 훈련하다
纰漏	pīlòu	명 실수, 잘못, 오류
偏离	piānlí	동 빗나가다, 벗어나다, 일탈하다, 이탈하다
品德	pǐndé	명 인품과 덕성
评比会	píngbǐhuì	명 비평회
平常	píngcháng	명 평소, 평상시, 보통 때
评估	pínggū	동 (질, 수준, 성적 등을) 평가하다
平时	píngshí	명 평소, 평상시, 보통 때
平易近人	píng yì jìn rén	성 태도가 겸손하고 온화하여 쉽게 접근할 수 있다
评阅	píngyuè	동 (시험 답안, 작품)검토하고 평가하다; 채점하다, 점수를 매기다

Q		
契机	qìjī	명 계기, 동기
器具	qìjù	명 기구, 용구, 공구
其他	qítā	대 (사람, 사물에 쓰여) 기타, 다른 사람(사물)

期限	qīxiàn	명 기한, 시한
器重	qìzhòng	동 신임하다, 중시하다
强调	qiángdiào	동 강조하다
签订仪式	qiāndìngyíshì	명 계약식
千金一诺	qiān jīn yī nuò	성 약속한 말은 틀림없이 지킨다
牵涉	qiānshè	동 관련되다, 파급되다, 영향을 미치다
前提	qiántí	명 전제조건
切忌啰嗦	qièjì luōsuo	수다 또는 잔소리를 절대 삼가하다
切入	qiērù	동 어떤 곳으로부터 깊이 들어가다
切入点	qiērùdiǎn	어떤 곳으로부터 깊이 들어간 곳 또는 지점
亲勤努力	qīnqínnǔlì	열과 성을 다하고 정성을 들여 노력하다
清楚	qīngchu	형 분명하다, 조리있다; 알기 쉽다; 명백하다, 뚜렷하다; 명석하다
轻放	qīngfàng	동 가볍게 천천히, 살짝 놓다
情况	qíngkuàng	명 상황, 정황, 형편, 사정
清理	qīnglǐ	동 깨끗이 정리(처분)하다
请示	qǐngshì	동 지시를 바라다
情绪	qíngxù	명 언짢은 기분, 마음, 정서, 감정
庆祝	qìngzhù	동 경축하다
求职	qiúzhí	동 구직하다
取出	qǔchū	꺼내다
取得	qǔdé	동 취득하다, 얻다
劝	quàn	동 권하다, 충고하다, 설득하다
全力以赴	quánlìyǐfù	성 어떤 일에 최선을 다하다
全面	quánmiàn	형 전면적이다, 전반적이다 명 전면, 전반, 전체
全年	quánnián	명 한 해 전체

确保安全	quèbǎo ānquán	안전을 확보하다
确定	quèdìng	동 확정하다 형 확정적이다, 확고하다
确实	quèshí	형 확실하다, 믿을 만하다 부 절대로, 정말로, 확실히, 틀림없이

R

热情	rèqíng	형 열정적이다, 친절하다, 다정하다 명 열정, 열의
人工费	réngōngfèi	명 인건비
任何	rènhé	대 어떠한, 무슨
认可	rènkě	동 승낙하다, 인가하다, 허락하다
人事部	Rénshìbù	인사부
认同	rèntóng	명 승인, 인정
认为……	rènwéi ……	~라고 여기다, 생각하다
任务	rènwu	명 임무
任意	rènyì	형 조건 없는, 임의의 부 마음대로, 제멋대로
认真	rènzhēn	형 진지하다, 착실하다
日程	rìchéng	명 일정
日久天长	rì jiǔ tiān cháng	성 오랜 세월이 흐르다
日志	rìzhì	명 일지
荣幸	róngxìng	형 매우 영광스럽다
如果	rúguǒ	접 만약, 만일
如何	rúhé	대 어떠한가?
入木三分	rù mù sān fēn	성 견해가 날카롭거나 관찰력이 예리하다
润色	rùnsè	동 윤색하다, 문장을 다듬다

S

善后	shànhòu	동 뒷수습을 잘하다
商量	shāngliang	동 상의하다, 의논하다
上司	shàngsi	명 상급자, 상사, 상관
上限	shàngxiàn	명 상한선
商议	shāngyì	동 상의하다, 토의하다, 협의하다, 상담하다
设备	shèbèi	명 설비, 시설
设立	shèlì	동 (기구, 조직) 설립하다, 건립하다
设置	shèzhì	동 설치하다
申请	shēnqǐng	동 신청하다
神情	shénqíng	명 표정, 안색, 기색
神通广大	shén tōng guǎng dà	성 능력이 뛰어나다
伸延	shēnyán	동 길게 뻗다; 늘어나다, 연장되다
生产	shēngchǎn	동 생산하다
生存	shēngcún	동 생존하다
时常	shícháng	부 늘, 자주, 항상
市场分布	shìchǎng fēnbù	명 시장 분포
试车	shìchē	동 시운전하다
实处	shíchù	명 실제 역할을 하는 곳, 실제 문제가 되는 곳, 정말로 중요한 곳
实地考察	shídì kǎochá	동 실제 조사
时段	shíduàn	명 특정한 시간대, 기간
施工	shīgōng	동 공사하다
事故处理	shìgù chǔlǐ	명 사고처리
实际	shíjì	형 실제에 부합되다, 현실적이다, 실제적이다, 구체적이다 명 실제
市价	shìjià	명 시장 가격, 시세, 시가
视觉	shìjué	명 시각, 본 느낌
时刻	shíkè	명 시간, 시각, 때, 순간 부 늘, 언제나, 항상
失去	shīqù	동 잃어버리다, 잃다
世上无难事, 只怕有心人	shìshàng wú nánshì,zhī pà yǒu xīnrén	마음만 있으면 못할 일이 없다
实时	shíshí	부 즉시, 실시간으로
事实	shìshí	명 사실
实事求是	shíshìqiúshì	성 실사구시(사실에 토대로 하여 진리를 탐구하다)
事态	shìtài	명 사태, 정황
失误	shīwù	동 실수하다, 잘못하다 명 실수, 실책
时限	shíxiàn	명 시한, 기한
事先	shìxiān	명 사전에, 미리
实行	shíxíng	동 실행하다
试行	shìxíng	동 시험 삼아 해 보다, 시행하다
受到影响	shòudào yǐngxiǎng	영향을 받다
收入	shōurù	동 받아들이다 명 수입, 소득
收尾	shōuwěi	동 마무리하다, 끝을 맺다, 마치다 명 글의 말미, 에필로그; 일의 마지막 단계; 결말
首先	shǒuxiān	부 가장 먼저, 우선 대 먼저
守则	shǒuzé	명 수칙, 준칙, 규칙, 규정
疏忽	shūhū	동 소홀히 하다
税金	shuìjīn	명 세금
树立	shùlì	동 수립하다, 세우다
水准	shuǐzhǔn	명 수준
顺便	shùnbiàn	부 ~하는 김에, 겸사겸사
顺心	shùnxīn	형 뜻대로 되다, 마음(생각)대로 되다
双方	shuāngfāng	명 쌍방, 양쪽, 양측
松懈	sōngxiè	형 산만하다, 긴장이 풀리다

诉讼	sùsòng	동 소송하다, 고소하다
随时随地	suíshísuídì	언제 어디서나
随意	suíyì	동 자기생각대로 하다, 뜻대로(원하는 대로)하다 부자기 마음대로, 뜻대로, 내키는대로, 하고 싶은 대로
所在地	suǒzàidì	명 사람, 사물의 소재지

T

态度	tàidu	명 태도; 기색, 표정; 거동
谈	tán	동 말하다, 이야기하다
弹性工作制	tánxìng gōngzuòzhì	명 선택적 근로 시간제
讨价还价	tǎo jià huán jià	성 값을 흥정하다
讨论	tǎolùn	동 토론하다
特殊	tèshū	형 특수하다, 특별하다
提出批评	tíchū pīpíng	비평하다
提纲	tígāng	명 발언, 연구, 토론, 작문, 학습 요점, 개요, 제요
提高	tígāo	동 (위치, 수준, 질, 수량) 제고하다, 향상시키다, 높이다, 끌어올리다
提供	tígōng	동 (자료, 물자, 의견, 조건) 제공하다, 공급하다, 내놓다
提升	tíshēng	동 진급하다(시키다); 높이다; 나아지다
提醒	tíxǐng	동 일깨우다, 깨우치다; 주의를 환기시키다, 상기시키다; 경고하다
条款	tiáokuǎn	명 조항, 조목
调整	tiáozhěng	동 조정하다, 조절하다
停电	tíngdiàn	동 정전되다
挺身而出	tǐngshēn'érchū	성 곤란하거나 위급한 일에 선뜻 용감하게 나서다

通常	tōngcháng	형 보통이다, 일반적이다, 일상적이다 명 평상시, 보통, 통상
通道	tōngdào	명 통로, 큰 길 ; 채널, 경로
通过	tōngguò	동 통과되다(하다); 가결되다; 채택되다
统计	tǒngjì	동 통계하다, 합산(합계)하다 명 통계
同事	tóngshì	명 동료
投产	tóuchǎn	동 생산에 들어가다
投入	tóurù	동 돌입하다, 투자하다, 몰두하다
投石问路	tóu shí wèn lù	성 행동 전에 미리 상황을 타진하다
投资额	tóuzī'é	명 투자액
投资项目	tóuzī xiàngmù	명 투자항목
突增	tūzēng	갑자기 증가하다
图纸	túzhǐ	명 도화지; 도면지, 제도용지, 설계도; 청사진
团结协作	tuánjié xiézuò	단결하여 협업하다
推广	tuīguǎng	동 널리 보급(확대, 확충)하다
推销	tuīxiāo	동 판로를 확장하다(넓히다); 어떤 제품을 마케팅하다
推卸	tuīxiè	동 책임을 미루다(전가하다), 떠넘기다, 회피하다
拖延	tuōyán	동 시간을 끌다, 지연하다, 연기하다, 늦추다, 연장하다

W

外观	wàiguān	명 외관, 외견, 겉모양
……完	……wán	~가 끝났다
完成	wánchéng	동 완성하다, 완수하다
完工	wángōng	동 완공하다
维护	wéihù	동 유지하고 보호하다, 지키다,

危机	wēijī	명 위기, 잠복된 위험 또는 재난
唯利是求	wéi lì shì qiú	성 오직 이익만 추구하다
未雨绸缪	wèi yǔ chóu móu	성 사전에(미리)준비하다
违约	wéiyuē	동 계약을 위반하다
违约金	wéiyuējīn	명 위약금
稳定	wěndìng	형 안정되다
稳吊	wěndiào	고정되게 걸다(매달다)
问题	wèntí	명 문제, 숙제
无价之宝	wú jià zhī bǎo	성 돈으로 살 수 없는 보물
无可挑剔	wú kě tiāo tì	흠 잡을 곳이 없다
无论是A, 还是B	wúlùn shì A, háishì B	A 이든 B 이든 관계 없이
物美价廉	wù měi jià lián	성 상품의 질이 좋고 가격도 저렴하다
物品	wùpǐn	명 물품
污水处理	wūshuǐchǔlǐ	명 오수(하수)처리
无所不谈	wú suǒ bù tán	성 말 못할 부분이 없다
无须	wúxū	부 필요 없이, 불필요하게, 쓸데없이
无疑	wúyí	형 의심할 바 없다

X

细节	xìjié	명 자세한 사정, 세부사항
吸烟室	xīyānshì	명 흡연실
下半年	xiàbànnián	명 하반기
下滑	xiàhuá	동 아래로 미끄러지다
下降	xiàjiàng	동 하강하다, (정도가) 떨어지다, 낮아지다
下落	xiàluò	동 떨어지다, 하락하다, 하강하다
下限	xiàxiàn	명 시간, 수량, 정도 하한, 아래쪽의 한계

下一阶段	xiàyìjiēduàn	명 다음 단계
现场	xiànchǎng	명 작업현장, 현지
现场检查结果	xiànchǎng jiǎnchá jiéguǒ	명 현장검사결과
限度	xiàndù	명 한도, 한계
现今	xiànjīn	명 현재, 지금, 이제
现象	xiànxiàng	명 현상
显著	xiǎnzhù	형 현저하다, 뚜렷하다
想不开	xiǎngbukāi	동 생각이 막혀 있다, 답답하다
想不明白	xiǎng bù míng bai	이해가 되지 않다
相当	xiāngdāng	동 상당하다; 대등하다 형 적합하다, 적당하다, 합당하다 부 상당히, 무척, 꽤
相对多	xiāngduìduō	상대적으로 많다
想法	xiǎngfǎ	동 방법을 생각하다 명 생각, 의견, 견해
相符	xiāngfú	동 서로 일치하다; 서로 부합하다
项目	xiàngmù	명 항목, 종목, 사항, 과제, 프로젝트, 사업
详细	xiángxì	형 상세하다, 자세하다
详细地	xiángxide	부 상세히, 자세히
相信	xiāngxìn	동 믿다, 신임하다, 신뢰하다
相中	xiāngzhòng	동 마음에 들다
现状	xiànzhuàng	명 현황, 현재 상황
消防器材	xiāofáng qìcái	명 소방기재
效果	xiàoguǒ	명 효과
效率	xiàolǜ	명 작업 능률, 기계, 전기 효율
销售部	xiāoshòubù	명 판매라인
协商	xiéshāng	동 협상하다, 협의하다
谢意	xièyì	명 사의, 감사의 뜻
协助	xiézhù	동 협조하다
信口	xìnkǒu	부 입에서 나오는 대로, 생각 없이, 되는대로

중국어	병음	품사	뜻
辛苦	xīnkǔ	형	고생스럽다, 수고롭다
信任	xìnrèn	동	신임하다, 신뢰하다
信守	xìnshǒu	동	성실히, 충실히 지키다 이행하다, 준수하다
薪水	xīnshuǐ	명	봉급, 급여
信息	xìnxī	명	정보; 소식; 편지
心心相印	xīn xīn xiāng yìn	성	서로 생각과 감정이 완전히 일치하다
心血	xīnxuè	명	심혈
新职员	xīnzhíyuán	명	신입사원
形成	xíngchéng	동	(어떤사물이나 기풍, 국면) 형성되다, 이루어지다
兴趣	xìngqù	명	흥미, 취미
形势	xíngshì	명	정세, 형편, 상황
修订	xiūdìng	동	서적 등을 수정하다
虚假	xūjiǎ	형	거짓의, 허위의, 속임수의, 가짜의, 위선의
需求量	xūqiúliàng	명	수요량, 필요량
需要	xūyào	동	필요하다, 요구되다
		명	(사물에 대한)욕망, 요구, 욕구
选择	xuǎnzé	동	고르다, 선택하다
		명	선택
选中	xuǎnzhòng	동	선택하다, 발탁하다
学海无边	xué hǎi wú biān	성	학문에는 끝이 없다
寻求	xúnqiú	동	찾다, 모색하다, 탐구하다
询问	xúnwèn	동	알아보다, 물어보다, 의견을 구하다
寻找	xúnzhǎo	동	찾다, 구하다

Y

중국어	병음	품사	뜻
压力	yālì	명	스트레스
言传身教	yánchuán shēnjiào	성	말과 행동으로 가르치다; 말로도 전수하고 행동으로 모범을 보이다
研发	yánfā	동	연구 개발하다
严格	yángé	동·형	엄격히 하다, 엄하게 하다 엄격하다, 엄하다
研究	yánjiū	동	연구하다
眼光	yǎnguāng	명	시선, 눈길; 선견지명, 통찰력, 안목, 식견; 관점, 견해
宴会	yànhuì	명	연회, 파티
严厉处罚	yánlì chǔfá	명	엄중한 처벌
验收方法	yànshōu fāngfǎ	명	검수방법
烟头	yāntóu	명	담배 꽁초
烟味	yānwèi	명	담배 냄새
严重	yánzhòng	형	정세, 추세, 정황 심각하다
养成	yǎngchéng	동	습관이 되다; 길러지다
样品	yàngpǐn	명	샘플, 견본품
要不	yàobù	접	그렇지 않으면, 안 그러면
要求	yāoqiú	동·명	요구하다
要事	yàoshì	명	중요한 일사건, 문제
要是……	yàoshi	접	만약 ~이라면
业务关系	yèwù guānxi	명	업무관계
一定	yídìng	형	고정불변의; 필연적인
		부	반드시, 필히, 꼭
移动	yídòng	동	옮기다; 움직이다; 위치를 변경하다, 바꾸다
以及	yǐjí	접	및, 그리고, 아울러
议价	yìjià	동	가격을 협상하다
		명	협정 가격, 협상(협의) 가격
依据	yījù	동	의거하다, 근거하다
		명	근거
以利于	yǐlìyú		~에 이롭다, ~에 도움이 되다
依然	yīrán	부	여전히
意识	yìshí	명	의식
一言九鼎	yī yán jiǔ dǐng	성	말 한 마디가 구정만큼 무겁다

依照	yīzhào	동 ~에 비추다; ~을 따르다; ~에 의하다
		개 ~에 의해, ~에 따라
一朝一夕	yì zhāo yì xī	성 아주 짧은 시간
隐患	yǐnhuàn	명 겉으로 드러나지 않은 폐해, 잠복 중인 병
应对	yìngduì	동 대응하다, 대처하다
应该	yīnggāi	동 ~해야 한다
……应该怎么办?	……yīnggāi zěnmebàn?	~은 어떻게 해야 합니까?
盈利	yínglì	동 이윤을 얻다, 이익을 보다, 돈을 벌다
影响	yǐngxiǎng	동 영향을 주다(끼치다)
		명 영향
营业部	yíngyèbù	명 영업부
用不着	yòngbuzháo	필요하지 않다
勇于	yǒngyú	동 용감하게 ~하다
有半点儿……	yǒu bàndiǎnr ……	지극히 적은, 아주 조금의 ~
有关	yǒuguān	형 관계가 있는, 관련 있는
优惠	yōuhuì	형 우대의, 특혜의
有利	yǒulì	형 유리하다, 이롭다
有效	yǒuxiào	형 유용하다; 유효하다, 효과 또는 효력이 있다
有些	yǒuxiē	대 일부
优秀	yōuxiù	형 아주 뛰어나다, 우수하다
友谊	yǒuyì	명 우의, 우정
由于	yóuyú	접 개 ~때문에, ~로 인하여
遇到	yùdào	동 ~을 마주치다, 만나다, 부딪히다
预料	yùliào	동 예상하다, 예측하다, 전망하다
		명 예상, 예측
预算执行	yùsuànzhíxíng	명 예산집행
原定	yuándìng	동 원래 정하다, 규정하다
员工	yuángōng	명 직원, 사원
远见	yuǎnjiàn	명 예견, 선견지명

原来	yuánlái	형 고유의, 원래의, 본래의
		부 이전에, 처음에, 원래, 본래; 알고 보니
原理	yuánlǐ	명 원리
原则	yuánzé	명 원칙
		부 원칙적으로
约定	yuēdìng	동 약속하여 정하다
运转	yùnzhuǎn	동 회전하다, 돌다, 운행하다; 기계를 운전하다, 기계가 돌아가다

Z

再说	zàishuō	접 게다가, 더구나, 그리고
在线	zàixiàn	동 온라인 상태이다, 인터넷에 연결되어 있다
早就	zǎojiù	부 벌써, 오래 전에, 이미
早退	zǎotuì	동 조퇴하다, 중도에 나가다
遭罪	zāozuì	동 고생하다, 애를 먹다, 혼나다, 고통을 받다
责任	zérèn	명 책임
增大	zēngdà	동 증대하다, 확대하다, 늘리다
增减	zēngjiǎn	동 증감하다; 변동하다; 오르내리다
战略	zhànlüè	명 전략
展销会	zhǎnxiāohuì	명 전시 판매장
掌握	zhǎngwò	동 숙달하다; 정통하다; 파악하다; 장악하다; 통제하다; 지배하다; 주재하다; 주도하다; 결정하다
照个相	zhàogexiàng	사진을 찍다
真诚	zhēnchéng	형 진실하다; 성실하다
震动	zhèndòng	명 진동
针对性	zhēnduìxìng	명 맞춤형, 가리키는 것
珍贵	zhēnguì	형 진귀하다, 귀중하다
珍惜	zhēnxī	동 소중히 여기다

真相	zhēnxiàng	명 실상		仲裁	zhòngcái	동 중재하다, 조정하다
正常	zhèngcháng	형 정상적인		重点	zhòngdiǎn	형 중요한, 주요한
正好	zhènghǎo	형 꼭 맞다				명 중점
		부 마침				부 중점적으로
整理	zhěnglǐ	동 정리하다		重视	zhòngshì	동 중시하다
正视	zhèngshì	동 똑바로 보다, 정확히 보다, 직시하다		重要	zhòngyào	형 중요하다
				终于	zhōngyú	부 마침내, 결국, 끝내
整体	zhěngtǐ	명 (한 집단의) 전부, 전체, 총체; 일체		周围	zhōuwéi	명 주변
				主管部门	Zhǔguǎn bùmén	명 주무부처
争议	zhēngyì	동 논의하다, 논쟁하다				
治本	zhìběn	동 근본적으로 다스리다, 관리하다, 해결하다		祝酒词	zhùjiǔcí	명 축배사
				助手	zhùshǒu	명 조수
治标	zhìbiāo	동 일시적으로 해결하다, 나타난 현상만 바로잡다		抓	zhuā	동 붙잡다
				抓紧时间	zhuājǐn shíjiān	급히 서두르다
制定	zhìdìng	동 (방침, 정책, 법률, 제도) 제정하다, 작성하다, 확정하다		抓住	zhuāzhù	손으로 잡다
				转达	zhuǎndá	동 전달하다
制度	zhìdù	명 제도, 규칙, 규정		转让	zhuǎnràng	동 (재물이나 권리를) 양도하다, 넘겨주다
职工	zhígōng	명 직원, 고용자				
只好	zhǐhǎo	부 부득이, 어쩔 수 없이, ~할 수 밖에 없다		转移	zhuǎnyí	동 (방향이나 위치를) 전이하다, 옮기다, 이동시키다, 바꾸다; 변경하다
之后	zhīhòu	명 ~뒤, ~후				
质检	zhìjiǎn	동 품질 검사를 하다		专注	zhuānzhù	동 집중하다, 전념하다
直接	zhíjiē	형 직접적인		状态	zhuàngtài	명 상태
质量	zhìliàng	명 품질		准备	zhǔnbèi	동 준비하다
知情不报	zhī qíng bù bào	성 사정을 알면서도 보고하지 않다		琢磨	zhuómó	동 깊이 생각하다, 궁리하다
				自动生产线	zìdòngshēng chǎnxiàn	명 트랜스퍼 머신
滞销现象	zhìxiāo xiànxiàng	명 부진 현상				
				资金问题	zījīn wèntí	명 자금 문제
执行力	zhíxínglì	명 집행력		自觉	zìjué	동 자각하다, 스스로 느끼다
只要……	zhǐyào……	접 ~하기만 하면				형 자발적인, 자진하여
致意	zhìyì	동 (남에게 관심, 인사, 안부 등의) 호의를 보내다(나타내다)		资料	zīliào	명 자료, 생필품
				仔细	zǐxì	형 세심하다, 꼼꼼하다
制造	zhìzào	동 제조하다; 만들다; 조장하다		仔细地	zǐxìde	부 세심히, 꼼꼼히
				总的来说	zǒngde láishuō	전체적으로 말하자면
指正	zhǐzhèng	동 잘못을 지적하여 바로 잡다; 시정하다; 가르침을 주다; 비평이나 의견을 내다		总是	zǒngshì	부 늘, 언제나; 결국; 어쨌든

阻碍	zǔ'ài	동 진행하지 못하도록 가로막다
		명 장애물
组织	zǔzhī	동 조직하다; 구성하다; 결성하다
		명 조직; 계통, 시스템
遵守	zūnshǒu	동 (규칙) 준수하다, 지키다
作为	zuòwéi	동 ~로 여기다(간주하다), ~으로 삼다, ~로 하다; ~의 신분(자격)으로서